ふわもこベビーニット

新生児〜2歳児

文化出版局

Sommaire

編んでみましょう

サイズ表

この本ではサイズを身長または月齢で表示しています。
目安として編むときの参考にしてください。

サイズ	身長	月齢	頭回り	足のサイズ
60サイズ	～60	0～6か月	34～43	7～10
70サイズ	60～70	6～12か月	43～46	9～12
80サイズ	70～80	12～18か月	46～48	12～13
90サイズ	80～90	18～24か月	48～50	13～14

（単位cm）

Bonnet et Chaussons

帽子とベビーブーティ

Design／BIRTHs 廣原麻衣子・祐子
Size／0〜6か月
How to Knit／帽子 p.46
ベビーブーティ p.24

Design／末原君枝
Size／60サイズ
Model's Height ／68cm
How to Knit／p.47

Manteau Bébé

サックコート

Salopette courte

ロンパース

Design／Laine 渡邊亜矢
Size／80サイズ
Model's Height ／72cm
How to Knit ／p.32

Gilet et Bloomer

ベストとブルマー

Design／BIRTHs 廣原麻衣子・祐子
Size／70サイズ
Model's Height／68cm
How to Knit／ベスト p.52　ブルマー p.54

Pull pour Bébé

セーター

Design ／ NINEMOUNTAINS 増淵菜穂子
Size ／ 70、90 の 2 サイズ
Model's Height ／ 86cm（90 サイズを着用）
How to Knit ／ 70 サイズ p.36　90 サイズ p.56

Tunique

チュニック

Design／風工房
Size／80, 90の2サイズ
Model's Height／81cm（80サイズを着用）
How to Knit／p.60

Bande Ventrale

腹巻き

Design／Laine 渡邊亜矢
Size／80サイズ
Model's Height ／68cm
How to Knit／p.59

Demi Pantalon

ハーフパンツ

Design／風工房
Size／80、90の2サイズ
Model's Height ／72cm (80サイズを着用)
How to Knit ／p.63

Gilet Bébé Garçon

男の子カーディガン

Design／Laine 渡邊亜矢
Size／70、90の2サイズ
Model's Height／72cm（70サイズを着用）
How to Knit／p.68

Gilet Bébé Fille

女の子カーディガン

Design／Laine 渡邊亜矢
Size／70、90の2サイズ
Model's Height ／81cm (90サイズを着用)
How to Knit／70 リイズ p.26　90 リイズ p.66

Couverture Bébé et Balle

ブランケットとボール

Design／末原君枝
How to Knit／ブランケット p.71
ボール p.84

Design／NINEMOUNTAINS 増淵菜穂子
Size／70、90の2サイズ
Model's Height／68cm（70サイズを着用）
How to Knit／p.72

Robe Bébé

ワンピース

Pull Marin et Pantalon rayé

セーターとボーダーパンツ

Design／風工房
Size／80、90の2サイズ
Model's Height／86cm（90サイズを着用）
How to Knit／セーター p.77　ボーダーパンツ p.80

Faux col

つけ衿

Design ／ NINEMOUNTAINS 増淵菜穂子
Size ／ 70〜90サイズ
Model's Height ／ 81cm
How to Knit ／ p.85

Bonnets Animaux

アニマルボンネット

Le Mouton 羊

Le Chat 猫

Design ／ BIRTHs 廣原麻衣子・祐子
Size ／ 12〜24か月
How to Knit ／ p.86

ベビーブーティを編んでみましょう

Chaussons

size：0〜6か月　photo：p.04

【糸】DMC BOUCLETTE ブークレット
アルバートルホワイト（01）　15g

【用具】7号・6号4本棒針、6/0号かぎ針

【ゲージ】ガーター編み
14目21段が10cm四方

【サイズ】底丈8cm

【編み方】糸は1本どりで編みます。
指に糸をかける方法で22目作り目をして輪にし、底から編み始めます。ガーター編みで増しながら編み、糸は切らずに休めます。新しく糸をつけて、甲をメリヤス編みで往復に編みます。足首は休めた糸で1目ゴム編みを輪に編みます。編終りはかぎ針で伏止めと鎖編みを編みます。底を巻きかがりにします。同じものを2枚編みます。

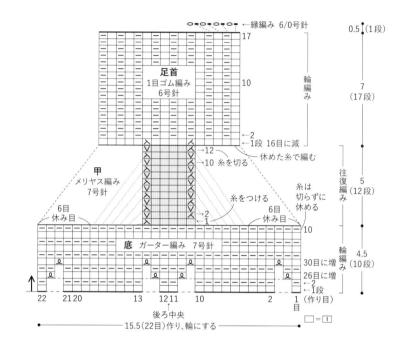

作り目をする　＊わかりやすいように糸を替えています

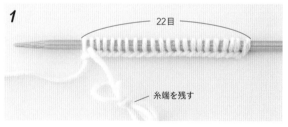

1
糸端を約50cm残して、7号針で指に糸をかける方法で22目作り目をします。

底を編む（輪編み）

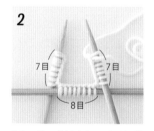

2
3本の針に分けます。これが1段めになります。

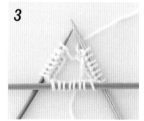

3
3本の針を輪にし、2段めは裏目で編みます。

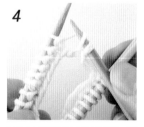

4
3段めは表目を1目編んだら、目と目の間の渡り糸を右針で向うから引き上げます。

5
左針を手前から入れて表目を編みます。

6
ねじり増し目が編め、1目増えました。

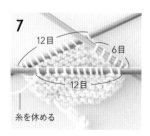

7
指定の位置で増しながらガーター編みで10段編めました。糸は切らずに休めます。

甲を編む（往復編み）

右上2目一度

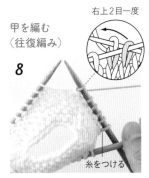

8 新しい糸をつけて1段めを編みます。表目を5目編み、次の2目を右上2目一度で編みます。

糸をつける

すべり目（裏目）

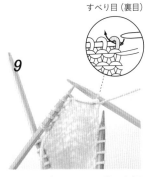

9 編み地を裏に返して2段めを編みます。糸を手前におき、編まずに右針に移します。

左上2目一度（裏目）

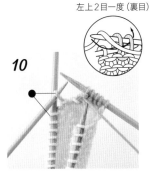

10 裏目で4目編み、●の2目を左上2目一度（裏目）で編みます。

すべり目

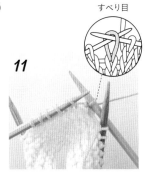

11 編み地を表に返し、3段めを編みます。糸を向うにおき、編まずに右針に移します。

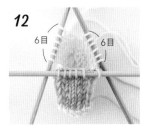

6目 6目

12 以降、記号図のとおりに12段編みます。甲が編めました。糸を切ります。

足首を編む（輪編み）

右上2目一度 左上2目一度

13 6号針に替えて、**7**で休めた糸で再び輪に編みます。甲の両端で2目一度に減らします。1段めが編めました。

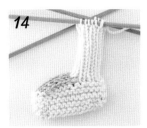

14 2段めからは「表目1目、裏目1目」を繰り返して、1目ゴム編みで17段めまで編みます。足首が編めました。

縁編みを編む

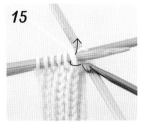

15 6/0号かぎ針に替えて、1目めの左側から矢印のように針を入れます。

16 針に糸をかけて引き抜き、棒針から目をはずします。

17 伏止めが編めました。

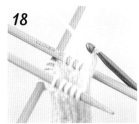

18 針に糸をかけて引き抜き、鎖を1目編みます。

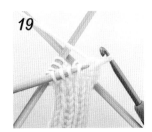

19 左隣の目に針を入れ、針に糸をかけて引き抜きます。以降、**18**、**19**を繰り返して1周編み、最初の目に引き抜きます。

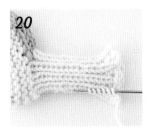

20 糸端を10cmほど残して切り、とじ針に通します。足首の表目半目に5、6目くぐらせ、編み地の際で糸を切ります。

底を巻きかがりする

21 **1**で残しておいた糸をとじ針に通し、向うと手前の作り目の糸を1本ずつ拾って巻きかがりをします。

22 糸端を編み地の裏側にくぐらせて始末します。出来上り。

25

女の子カーディガンを編んでみましょう

Gilet Bébé Fille

size:70サイズ　photo:p.17　（90サイズの編み方はp.66）

【糸】DMC BOUCLETTE
ブークレット　ドラジェ（041）　120g
薄紫の中太糸少々（引抜きはぎ、引抜きとじ用）

【用具】6号・8号40cm輪針、
10/0号かぎ針

【その他】直径1.5cmのボタン4個、
ボタンつけ糸

【ゲージ】メリヤス編み
16目23段が10cm四方

【サイズ】
身幅31.5cm、着丈28.5cm、
ゆき丈31.5cm

【編み方】糸は1本どりで編みます。後ろは、指に糸をかける方法で作り目をします。ガーター編みとメリヤス編みで編みます。最終段で後ろ衿ぐりを伏止めにします。編終りは休み目にします。前は後ろと同様に編み始め、前立てをガーター編みで編みます。右前立てにはボタン穴をあけます。前衿ぐりは減らしながら編み、編終りは休み目にします。前後の肩を引抜きはぎします。袖は指定の位置から拾って、メリヤス編みで編みます。31段めで目数を半分に減らし、1目ゴム編みを編み、編終りは伏止めにします。脇と袖下を引抜きとじにします。衿ぐりを細編みで編みます。左前立てにボタンをつけます。

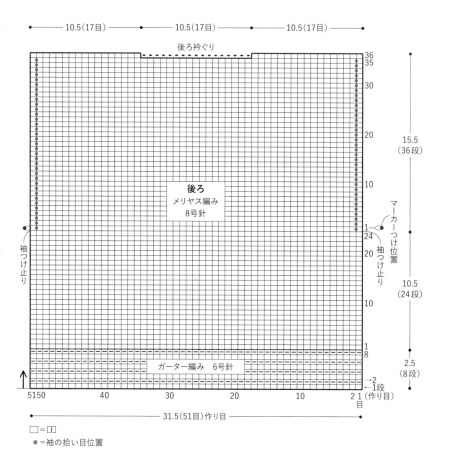

□ = ☐
● =袖の拾い目位置

後ろを編む　*わかりやすいように糸を替えています

作り目

1

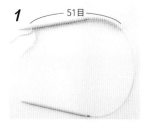

6号針で指に糸をかける方法で51目作り目をします。これが1段めになります。

ガーター編み

2

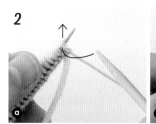

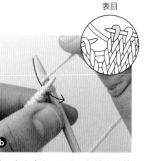

表目

裏に返し、2段めから表目を編みます。糸を向うにおき、右針を手前から入れますⓐ。右針に糸をかけて引き出し、表目を編みますⓑ。

3

表目を繰り返して往復に8段編みます。ガーター編みが編めました。

4

ⓐ ⓑ

裏目

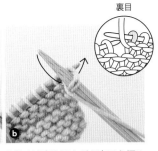

8号針に替え1段めは表目を編み、2段めは裏を見ながら裏目を編みます。裏目は糸を手前におき、右針を向うから入れますⓐ。右針に糸をかけてⓑ、向うに引き出し裏目を編みます。

5

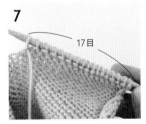

2段めが編めました。以降、奇数段は表目、偶数段は裏を見ながら裏目で編みます。

6

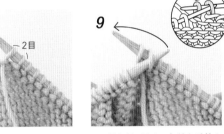

段数
マーカー

増減なく24段編みます。続けてメリヤス編みを編みますが、1段めに段数マーカーをつけます。増減なく35段編みます。

後ろ衿ぐりの伏止め

7

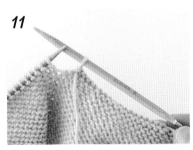

17目

36段めは、17目を裏目で編みます。

8

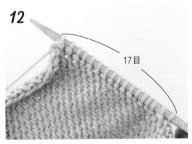

2目

続けて、後ろ衿ぐりを伏止めにします。2目を裏目で編みます。

伏止め（裏目）

9

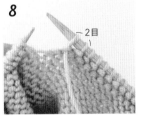

8で編んだ1目めに左針を手前から入れて、2目めにかぶせます。

10

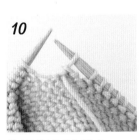

伏止めが1目できました。

11

「次の目を裏目で編み、右隣の目をかぶせる」を繰り返して17目伏止めをします。

12

17目

残りの16目は裏目で編みます。

13

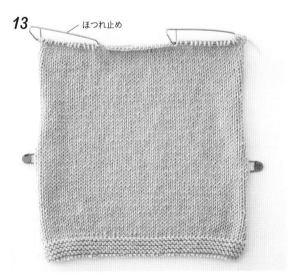

ほつれ止め

肩の目は、ほつれ止めまたは別糸に通して休み目にします。後ろが編めました。

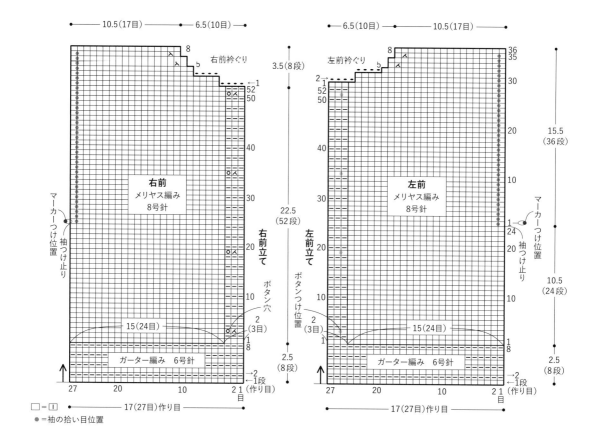

右前衿ぐり

左前衿ぐり

右前
メリヤス編み
8号針

左前
メリヤス編み
8号針

右前立て

左前立て

マーカーつけ位置

袖つけ止り

ボタン穴

ボタンつけ位置

15(24目)

ガーター編み　6号針

ガーター編み　6号針

10.5(17目)　6.5(10目)

6.5(10目)　10.5(17目)

3.5(8段)

22.5(52段)

2.5(8段)

15.5(36段)

10.5(24段)

2.5(8段)

17(27目)作り目

17(27目)作り目

□=☐

●=袖の拾い目位置

| 右前を編む | 指に糸をかける方法で27目作り目をし、ガーター編みを8段編みます。
右前立ての3目は、ボタン穴をあけながらガーター編みを続けて編み、24目はメリヤス編みで編みます。 |

ボタン穴

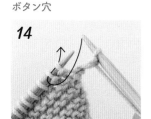

14

右端の目は表目で編みます。次の2目に右針を手前から一度に入れます。

15

左上2目一度

右針に糸をかけて引き出し、左上2目一度を編みます。

16

かけ目

右針に手前から糸をかけて、かけ目をします。

17

右前立て

次の目を表目で編みます。右前立てのボタン穴が編めました。記号図どおりに右前立て4か所にボタン穴を作ります。

右前衿ぐり

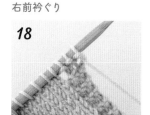

18

52段まで編めたところ。

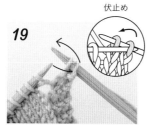

19

伏止め

前衿ぐりの1段めは表目を2目編み、1目めに左針を手前から入れて、2目めにかぶせます。

20

伏止めが1目できました。

21

「左隣の目を表目で編み、右隣の目をかぶせる」を繰り返してあと3目伏止めをします。3段めも同様にします。

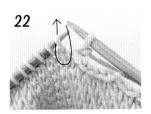

22

5段めは、1目めを表目で編み、右針を手前から入れ、編まずに右針に移します。

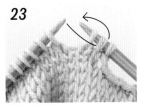

23

次の目を表目で編み、矢印のように**22**で移した目をかぶせます。

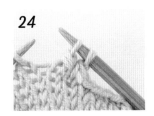

24

右上2目一度が編めました。

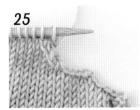

25

7段めも同様に2、3目めを右上2目一度で編みます。右前が編めました。糸端を10cmほど残して切り、休み目にします。

左前を編む 右前と同様に編み始め、ガーター編みを8段編みます。
左前立ての3目はガーター編みを続けて編み、24目はメリヤス編みで編みます。

左前衿ぐり

26

左前衿ぐりの伏せ目は、**8**、**9**と同様に編みます。5段めの左上2目一度の手前まで編みました。

27

15と同様に右針を2目一度に入れ、糸をかけて引き出します。

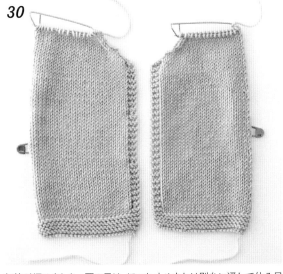

30

左前が編めました。肩の目は、ほつれ止めまたは別糸に通して休み目にします。

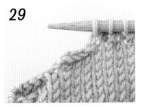

28

左上2目一度が編めました。

29

左端の1目を表目で編み、5段めが編めました。7段めも同様に左上2目一度を編みます。

肩を引抜きはぎする

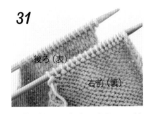

31

後ろ（表）
右前（裏）

右前と後ろを中表に合わせて持ちます。

引抜きはぎ

32

手前の端の目と向うの端の目にかぎ針を入れます**ⓐ**。糸をかけて2目一度に引き抜きます**ⓑ**。

33

「左隣の目にかぎ針を入れ、糸をかけて2目一度に引き抜く」を繰り返します。

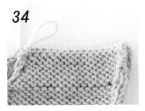

34

引抜きはぎができました。

35

糸端を10cmほど残して切り、輪の中から糸端を引き出します。

36

左肩も同様にします。肩の引抜きはぎができました。

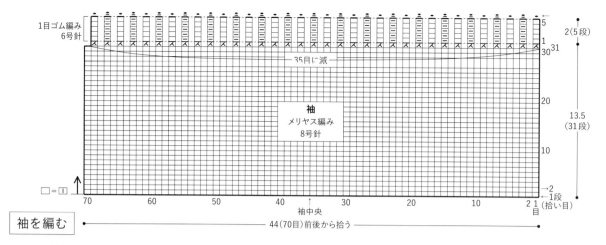

1目ゴム編み
6号針

35目に減

2(5段)

袖
メリヤス編み
8号針

13.5
(31段)

□ = 1

70　　60　　50　　40　　30　　20　　10　　2 1
目
袖中央

→2
←1段
(拾い目)

袖を編む

44(70目)前後から拾う

前後から拾う

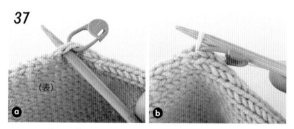

37

(表)

ⓐ　ⓑ

マーカー位置の身頃の端から1目内側に針を入れますⓐ。新しい糸をつけて、針に糸をかけて引き出しますⓑ。

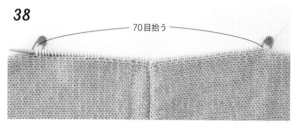

38

70目拾う

指定の位置を1段ずつ拾って、全部で70目拾います。以降、メリヤス編みを30段編み、31段めで左上2目一度を繰り返して半分の目に減らします。6号針に替え、1目ゴム編みを5段編みます。

袖口の伏止め

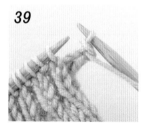

39

前段と同じ記号で2目編み、**19**と同様に1目めに左針を手前から入れて、2目めにかぶせます。

40

「左隣の目を前段と同じ記号で編み、右隣の目をかぶせる」を繰り返して伏止めをします。

41

袖が編めました。反対側の袖も同様に編みます。

脇と袖下を引抜きとじにする

前後の脇

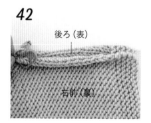

42

後ろ(表)

右前(裏)

右前と後ろの脇を中表に合わせます。

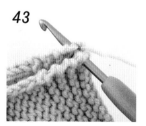

43

手前と向うの端1目内側にかぎ針を入れます。

44

糸をかけて引き抜きます。

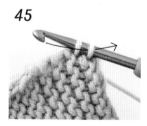

45

2段上の1目内側にかぎ針を入れて、糸をかけて引き出し、そのまま引き抜きます。

46

引き抜いたところ。**45**を繰り返します。

47

メリヤス編み部分は1段ごとに引き抜きます。

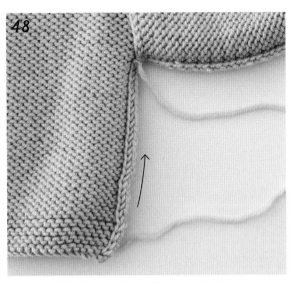

48

脇の引抜きとじができました。反対側も同様にします。

袖下

49

袖口を中表に二つ折りにし、端1目内側にかぎ針を入れ、糸をかけて引き抜きます。

50

1段上の1目内側にかぎ針を入れて、糸をかけて引き出し、そのまま引き抜きます。

51

引き抜いたところ。**50**を繰り返します。

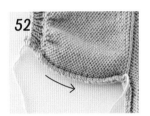

52

袖下の引抜きとじができました。反対側も同様にします。糸始末をして表に返します。

衿ぐりを編む

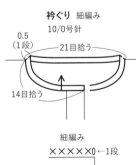

衿ぐり 細編み
10/0号針

0.5
(1段)

21目拾う

14目拾う

細編み

×××××0←1段

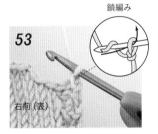

53

右前(表)

右前立ての角にかぎ針を入れ、糸をかけて引き出します。さらに糸をかけて引き抜き、立上りの鎖1目を編みます。

鎖編み

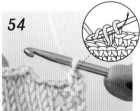

54

53と同じ目にかぎ針を入れて、糸をかけて引き出し、細編みを編みます。

細編み

55

続けて細編みを編みます。5目めは2段上を拾って細編みを編みます。

56

衿ぐりの5段め以降は、端1目内側にかぎ針を入れて編みます。右前衿ぐりから14目編めたところ。

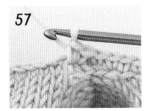

57

続けて後ろ衿ぐりから拾います。伏止めの手前は、段から2目拾って編みます。

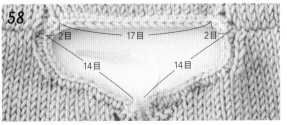

58

2目　　17目　　2目

14目　　　　14目

伏止めしたところから17目拾い、左側は対称に拾って編みます。左前立てにボタンをつけて出来上がり。

Salopette courte

size:80サイズ　photo:p.06

【糸】DMC BOUCLETTE ブークレット
ビンテージブルー（07）　60g

【用具】8号40cm輪針、10/0号かぎ針

【その他】直径2cmのボタン2個、
直径1.5cmのボタン3個、ボタンつけ糸

【ゲージ】模様編み　16目23段が10cm四方

【サイズ】胴囲50cm、着丈35cm（肩ひもを除く）

【編み方】
糸は1本どりで編みます。
前パンツは、指に糸をかける方法で13目作り目をしてガーター編みと模様編みで増しながら編みます。編終りは休み目にします。後ろパンツは、前パンツと同様に編み始め、3段でボタン穴をあけます。20段編んだら、次の段は脇で巻き増し目をして、前パンツの休み目から拾って輪に編みます。前は

模様編みを続けて編み、後ろは図のように減らして1目ゴム編みで編み、伏止めにします。続けて胸当てを往復に減らしながら編みます。編終りは伏止めにします。肩ひもは、1目ゴム編みの★に糸をつけてガーター編みで編みますが、指定の位置にボタン穴をあけます。股下と胸当てにボタンをつけます。

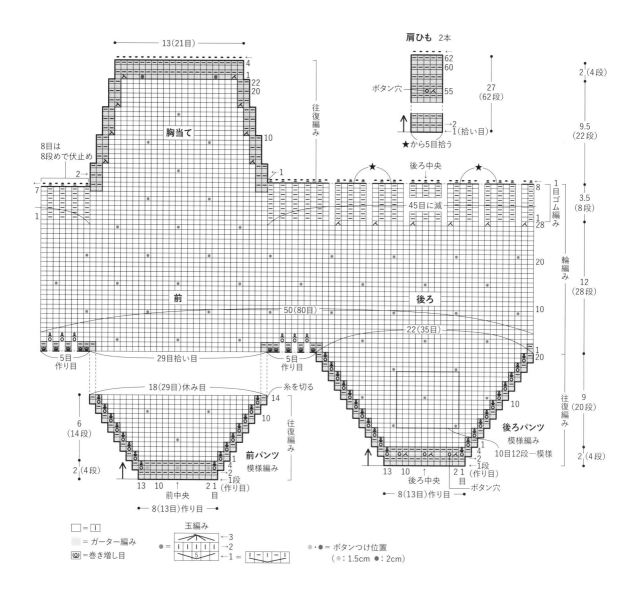

□ = [I]

▨ = ガーター編み

Ⓞ = 巻き増し目

玉編み
●= | | | | | ←3
　 | | | | | →2
　 5　　　 ←1

= | I ∨ I ∨ I |

◉・● = ボタンつけ位置
（◉:1.5cm ●:2cm）

前パンツを編む　*わかりやすいように糸を替えています

ガーター編み

1

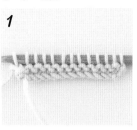

指に糸をかける方法で13目作り目をします。2段めは編み地を返して、裏を見ながら表目で編みます。

かけ目の増し目

2

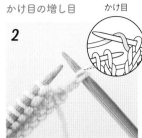

かけ目

3段めの端の目は表目で編み、かけ目で増し目をします。

3

ねじり目

4段めは、前段のかけ目に右針を向うから入れます⒜。針に糸をかけて引き出し、表目を編みます。こうすることで、かけ目の穴が小さくなります。編終り側も同様に編みます。

玉編み

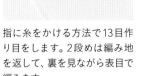

4

表

表目を編みます。左針をはずさないでおきます。

5

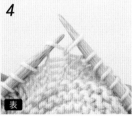

糸を手前におき、右針を4と同じ目に向うから入れます。

6

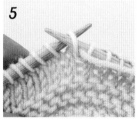

右針に糸をかけて引き出し裏目を編みます。

7

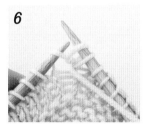

糸を向うにおき、4〜6を繰り返し、5目めで左針を抜きます。1目から5目編み出しました。

8

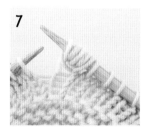

裏

編み地を裏に返して、糸を手前におきます。

9

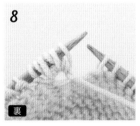

5目を裏目で編みます。

10

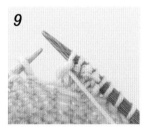

表

編み地を表に返して、3目に手前から右針を入れ、編まずに1目ずつ右針に移します。

11

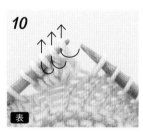

3目移したところ。残りの2目に右針を矢印のように入れます。

12

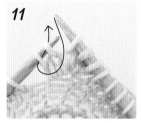

針に糸をかけて2目一度に表目を編みます。

13

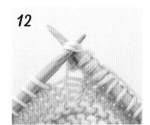

左針を右針に移した目に左側から入れて12で編んだ目にかぶせます。

14

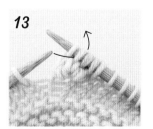

右隣の目を1目ずつかぶせます。

15

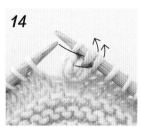

5目3段の玉編みが編めました。

16

前パンツの14段めまで編めました。糸端を10cmほど残して切り、休み目にします。

17

前パンツと同様に編み始め、図のように3段めにボタン穴を作ります（p.28-**14**〜**16**参照）。両端で増しながら20段めまで往復に編みます。

前後を輪に編む

巻き増し目

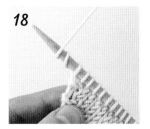

18

針に糸を反時計回りに2回巻きつけます。

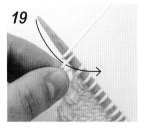

19

巻きつけた根もとの糸をつまんで、針先をくぐらせます。

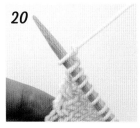

20

糸を引き締めます。巻き増し目が1目できました。

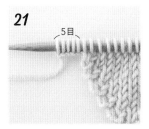

21

18、**19**をあと4回繰り返し、左脇の5目の巻き増し目ができました。

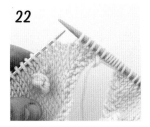

22

続けて前パンツを編みます。

23

右脇も同様に5目の巻き増し目をします。1段めが編めました。

前パンツ　　　　後ろパンツ

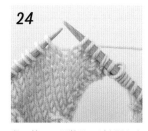

24

段の始めに目数リングを通します。2、3段めを記号図のとおりに編みます。

かけ目の増し目

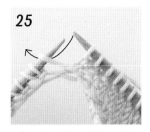

25

3段めをかけ目で増し、4段めは、前段のかけ目をねじり目で編みます。矢印のように右針を入れます。

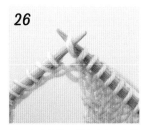

26

針に糸をかけて引き出し、表目を編みます。

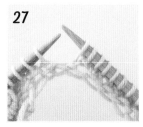

27

かけ目の増し目が編めました。

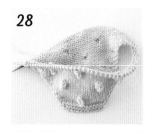

28

以降、記号図のとおり、輪に編みます。

胸当てを編む

29

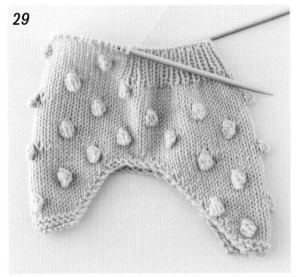

模様編み最終段の後ろの指定位置で6目減らし、1目ゴム編みで編み、編終りは伏止め（p.30-**39**、**40**参照）にします。

30

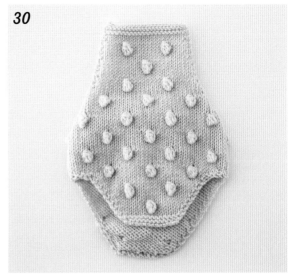

前は胸当てを続けて往復に編みます。図のように減らしながら編み、続けてガーター編みを編み、編終りは伏止めにします。

肩ひもを編みつける

31

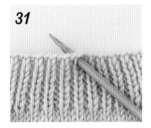

後ろの指定位置の最終段に針を入れます。

32

新しい糸をつけて、糸をかけて引き出します。

33

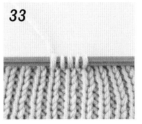

続けて4目編みます。1段めが編めました。

34

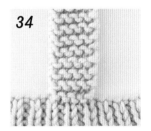

ガーター編みで54段編みます。

35

55段めにボタン穴をあけます。続けてガーター編みを編み、編終りは伏止め（p.28-**19**参照）にします。糸端を10cmほど残して切り、糸始末をします。ひもの長さとボタン穴の位置は調節してください。

36

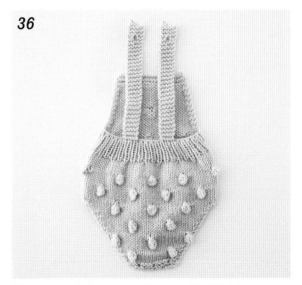

股下に1.5cm、胸当てに2cmのボタンをつけて出来上り。

セーターを編んでみましょう

Pull pour Bébé

size:70サイズ　photo:p.10　（90サイズの編み方はp.56）

【糸】DMC BOUCLETTE ブークレット
タン（122）85g

【用具】6号・8号60cm輪針、
8号・6号4本棒針

【その他】直径1.5cmのボタン3個、
ボタンつけ糸

【ゲージ】メリヤス編み
15目23段が10cm四方

【サイズ】身幅27.5cm、着丈28cm、
ゆき丈31cm

【編み方】糸は1本どりで編みます。
指に糸をかける方法で57目作り目をして、
衿ぐりを1目ゴム編みで往復に編みます。
続けてヨークをメリヤス編みで増しながら
編みます。▲の上に△を重ねて2目一度に
5目編み、続けて輪に2段編みます。後ろの
み往復に7段編みます。袖を休み目にし、
前後を続けて輪に編みますが、脇で巻き増
し目をして、次段で巻き増し目の両側をね
じり増し目にします。増減なく23段編み、

前の24段めで図のように減らします。続け
て1目ゴム編みを往復に編み、編終りは伏
止めにします。後ろは糸をつけて1目ゴム
編みを編みます。袖はヨークの休み目を針
に移し、後ろから6目、★と☆から各2目、
ヨークと★の間から2目拾ってメリヤス編
みで減らしながら輪に編みます。23段めで
図のように減らし、続けて1目ゴム編みを
編み、編終りは伏止めにします。後ろあき
にボタンをつけます。

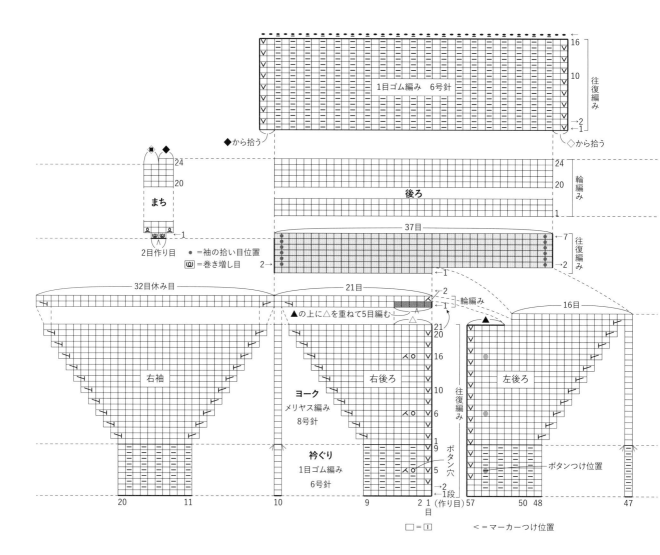

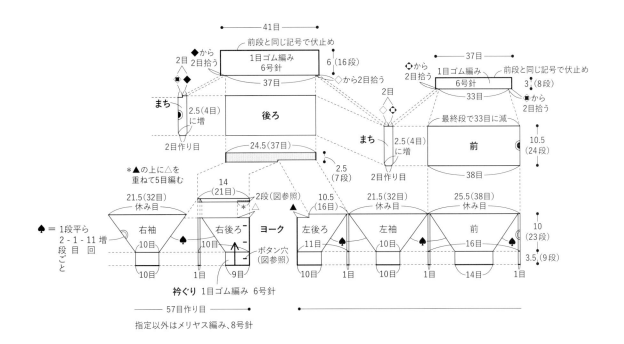

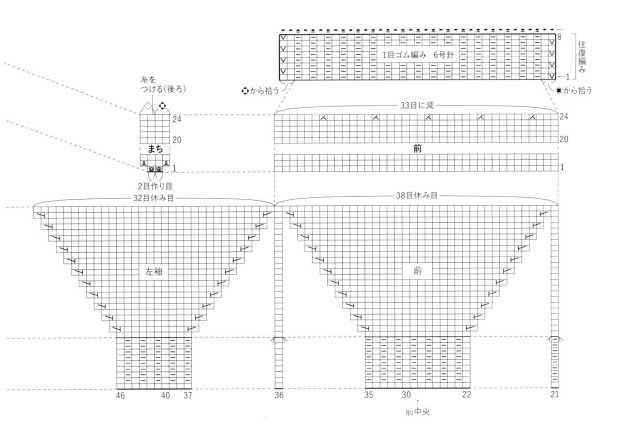

*わかりやすいように糸を替えています

1

3段め以降、段の始めは、すべり目にします。右針を向うから入れ、編まずに移します。

2

4段めの始めは、糸を手前におき、右針を向うから入れ、編まずに移します。

3

5段めはボタン穴をあけます（p.28-**14**～**16**参照）。続けて、1目ゴム編みを9段編みます。

ヨークを編む

4

メリヤス編みの1段めを編みながら、マーカーを指定の位置に通します。

5

2段めはマーカーの手前まで編めたら、右針の2段下の目に左針を向うから入れてすくいます。

左増し目

6

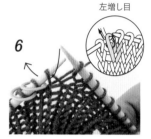

すくった目を表目で編みます。

7

左増し目が編め、1目増えました。

8

次の目を表目で編みます。右針を左針の1段下の目に手前から入れてすくいます。

9

すくった目を左針に移します。

10

右針を手前から入れて表目を編みます。

11

左針にかかっている目を表目で編みます。

右増し目

12

右増し目が編め、1目増えました。

13

以降、記号図のとおりに偶数段で増しながら編みます。21段まで編めました。

14

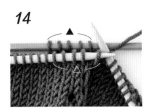

左後ろの▲の5目を別針に移し、右後ろの△に重ねて編みます。

15

2枚一度に右針を入れ、針に糸をかけて糸を引き出し、2目一度に表目を編みます。

16

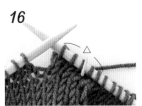

同様に1目編んだらマーカーを通します。同様に3目編みます。ここから前後を輪に1周編みます。

17

マーカーの3目手前まで編んだら、左針の2目を左上2目一度で編みます。

18

後ろを編んだら、編み地を裏に返します。

19

後ろの37目を往復に7段編みます。

前後を編む

20

1段めの右脇のまちは、巻き増し目で2目作り目をします（p.34-*18*〜*20*参照）。

ここから左右の袖の32目にそれぞれ別糸を通して休ませ、前後を続けて輪に編みます。左脇も巻き増し目で2目作り目をします。

22

巻き増し目の手前まで編めたところ。左針で矢印のようにかけます。

23

右針を向うから入れます。

24

右針に糸をかけて引き出し、ねじり増し目を編みます。

25

ねじり増し目が編めました。次の目を表目で編みます。

26

表目を1目編み、ねじり増し目を編みます。反対の脇も同様にします。

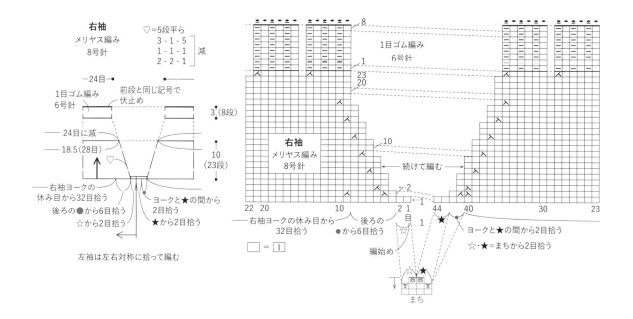

右袖
メリヤス編み
8号針

♡=5段平ら

3-1-5
1-1-1
2-2-1 }減

−24目−

1目ゴム編み
6号針

前段と同じ記号で
伏止め

3(8段)

24目に減

18.5(28目)

♡

10
(23段)

右袖ヨークの
休み目から32目拾う

後ろの●から6目拾う

☆から2目拾う

ヨークと★の間から
2目拾う

★から2目拾う

左袖は左右対称に拾って編む

8

1目ゴム編み
6号針

1

23
20

右袖
メリヤス編み
8号針

続けて編む

10

2

1

1目

44

40

30

23

22 20

10

2 1

右袖ヨークの休み目から
32目拾う

後ろの
●から6目拾う

ヨークと★の間から2目拾う

☆・★=まちから2目拾う

編始め

□ = | |

まち

＊一部、作品と段数を変えて編んでいます

右袖を輪に編む

27

前の24段めで指定の目数に減らし、続けて往復に1目ゴム編みを編み、編終りは伏止めにします。後ろの1目ゴム編みは糸をつけて編みます。前後が編めました。

28

1段めは、脇の☆から2目、後ろの6段から6目、ヨークの休み目から32目、袖と★の間から2目、★から2目拾いながら編みます。

29

32目

6目

2目
2目

1段めが編めたら、段の始めにマーカーを通します。

30

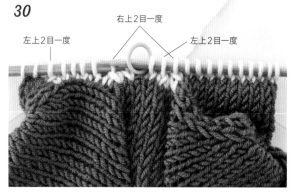

左上2目一度

右上2目一度

左上2目一度

2段めは、指定の位置の4か所で2目一度にします。こうすることで、脇下に穴があきません。

31

袖下を減らしながら輪に編みます。続けて、袖口の1目ゴム編みを編み、編終りは伏止めにします。右袖が編めました。左袖は左右対称に拾って編みます。後ろあきにボタンをつけます。

Avant de Tricoter

編み始める前に

【ゲージについて】

編みたい作品の編み地と指定の針で、約15cm四方の試し編みをします。針を
はずして縦と横に軽く引っ張って目を整え、中央の10cm四方の目数と段数を
数えます。目数、段数が少ない場合は針を1～2号細くします。数が多い場合
は針を1～2号太くして、指定のゲージに近づけます。

【とじ・はぎに使う糸について】

この本で使用した糸は太さが均一でないため、とじ・はぎに向きません。すくい
とじや引抜きはぎは、作品の色に近いストレートの中太毛糸をご使用ください。

手編みの基礎

製図の見方

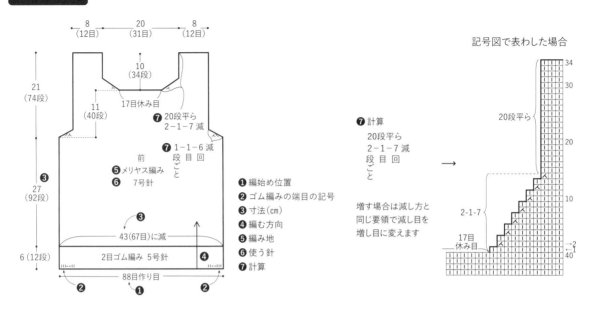

記号図で表わした場合

❶ 編始め位置
❷ ゴム編みの端目の記号
❸ 寸法(cm)
❹ 編む方向
❺ 編み地
❻ 使う針
❼ 計算

❼ 計算
　20段平ら
　2−1−7 減
　段目回

増す場合は減し方と
同じ要領で減し目を
増し目に変えます

棒針編み

作り目　指に糸をかけて目を作る方法

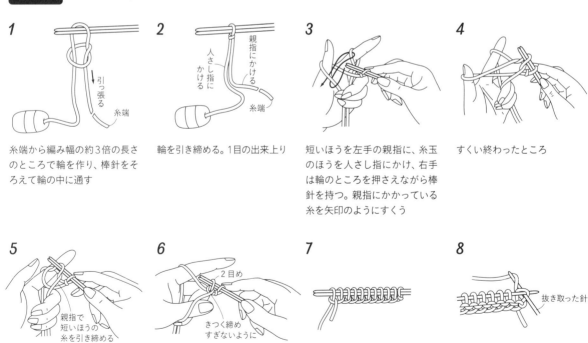

1 糸端から編み幅の約3倍の長さのところで輪を作り、棒針をそろえて輪の中に通す

2 輪を引き締める。1目の出来上り

3 短いほうを左手の親指に、糸玉のほうを人さし指にかけ、右手は輪のところを押さえながら棒針を持つ。親指にかかっている糸を矢印のようにすくう

4 すくい終わったところ

5 親指にかかっている糸をはずし、その下側をかけ直しながら結び目を締める

6 親指と人さし指を最初の形にする。*3*〜*6*を繰り返す

7 必要目数を作る。これを表目1段と数える

8 2本の棒針の1本を抜き、糸のある側から2段めを編む

表目

1 糸を向うにおき、手前から右針を左針の目に入れる

2 右針に糸をかけて引き出す

3 左針から目をはずす

ー 裏目

1 糸を手前におき、左針の目の向うから右針を入れる

2 右針に糸をかけて引き出す

3 左針から目をはずす

○ かけ目

1 糸を手前からかける

2 次の目以降を編む

3 次の段を編むとかけ目のところは穴があき、1目増したことになる

ℓ ねじり増し目
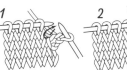 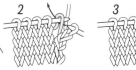 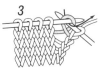

1 目と目の間の横糸を右針で矢印のようにすくい、左針に移す

2 右針を矢印のように入れる

3 右針に糸をかけて表目を編み、1目増えた

ℓ ねじり目

1 向うから右針を入れ、表目を編む

2 1段下の目が右上でねじれる

ℓ ねじり目（裏目）

向うから針を入れ、裏目を編む。1段下の目が右上でねじれる

V すべり目
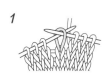

1 糸を向うにおき、右針を向うから入れ、編まずに移す

2 次の目を編む

⊬ 右増し目

1 右針で1段下の目をすくい、表目で編む

2 左針の目を表目で編む

3 目の右側に1目増えた

⊻ 左増し目
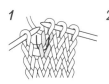

1 左針で2段下の目をすくう

2 表目で編む

3 目の左側に1目増えた

入 右上2目一度
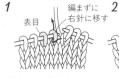

1 編まずに手前から入れて移し、次の目を表目で編む

2 移した目をかぶせる。1目減る

人 左上2目一度
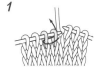

1 2目一緒に手前から右針を入れる

2 糸をかけて表目で編む。1目減る

入　右上2目一度（裏目）

1
編まずに2目を右針
に移す

2
2目一緒に矢印のよ
うに右針を入れて、
裏目で編む

3
1目減る

人　左上2目一度（裏目）

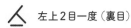

1
2目一緒に矢印のよ
うに右針を入れる

2
裏目で編む

3
1目減る

木　中上3目一度

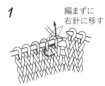

1
矢印のように右針を
入れ、編まずに2目を
右針に移す

2
次の目を表目で編む

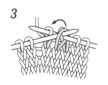

3
移した目をかぶせる

4
2目減る

※　右上2目交差

1
1と2の目を別針に移
して手前に休める

2
3と4の目を表目で編
む

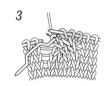

3
別針で休めておいた1
と2の目を表目で編む

4
右の2目が上に交差
する

※　左上2目交差

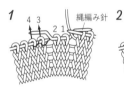

1
1と2の目を別針に移
して向うに休める

2
3と4の目を表目で編
む

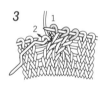

3
別針で休めておいた1
と2の目を表目で編む

4
左の2目が上に交差
する

●　伏止め（表目）

1
端の2目を表目で編
み、1目めを2目めに
かぶせる

2
表目で編み、かぶせ
ることを繰り返す

3
最後の目は引き抜い
て糸を締める

●　伏止め（裏目）

1
端の2目を裏目で編
み、1目めを2目めに
かぶせる

2
裏目で編み、かぶせ
ることを繰り返す

3
最後の目は引き抜い
て糸を締める

引抜きはぎ

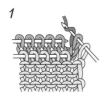 **1**
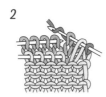 **2**
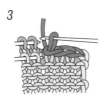 **3**

肩はぎでよく使う方法。
編み地を中表にして持ち、かぎ針で手前と向うの1目ずつをとって引き抜く

すくいとじ

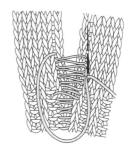

1目めと2目めの間の渡り糸を1段ずつ交互にすくう

かぎ針編み

編み目記号

鎖編み

いちばん基本になる編み方で、作り目や立上りに使う

 **1** **2** **3** **4**

✕ **細編み**

 1
 2
 3

立上りに鎖1目の高さを持つ編み目。針にかかっている2本のループを一度に引き抜く

● **引抜き編み**

 **1** **2**

前段の編み目の頭に針を入れ、針に糸をかけて引き抜く

🔺 **ピコット**

 1
 2

鎖3目を編み、細編みに編み入れる

針に糸をかけ、針にかかっている3本のループを引き抜く

スレッドコード

 1
 2
 3
 4

糸端を編みたい長さの約3倍残し、鎖編みの作り目を編む。糸端をかぎ針の手前から向うにかける

針先に糸をかけて糸端も一緒に引き抜く（鎖編み）

1目編めた。次の目も糸端を手前から向うにかけて一緒に引き抜いて鎖編みを編む

繰り返して編み、編終りは鎖目を引き抜く

帽子

Bonnet

size:0〜6か月　photo:p.04

【糸】DMC BOUCLETTE ブークレット
アルバートルホワイト（01）　15g

【用具】6号・7号4本棒針

【ゲージ】メリヤス編み　14目21段が10cm四方

【サイズ】頭回り34cm、深さ14cm

【編み方】糸は1本どりで編みます。
指に糸をかける方法で作り目をして輪にし、6号針でガーター編みを6段
編みます。7号針に替えて、メリヤス編みを編みます。図のように減らし
ながら編みます。編終りは伏止めにします。トップをひと結びします。

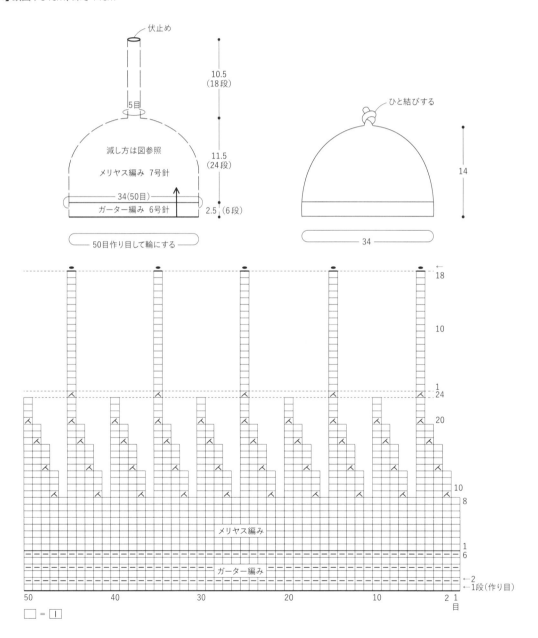

伏止め

5目

10.5
（18段）

減し方は図参照

メリヤス編み　7号針

11.5
（24段）

34（50目）

ガーター編み　6号針

2.5（6段）

50目作り目して輪にする

ひと結びする

14

34

メリヤス編み

ガーター編み

□ = Ｉ

Manteau Bébé

size:60サイズ　photo:p.05

【糸】DMC BOUCLETTE ブークレット
ジュート（112）　250g
ベージュの中太糸少々（引抜きはぎ用）

【用具】8号60cm輪針、8号4本棒針、6/0号かぎ針

【その他】直径1.5cmのボタン5個、ボタンつけ糸

【ゲージ】ガーター編み　14目25段が10cm四方

【サイズ】身幅43cm、着丈52.5cm、ゆき丈40.5cm

【編み方】糸は1本どりで編みます。
前後身頃は、指に糸をかける方法で作り目をし、図のように脇で減らしながらガーター編みを編みます。編終りは左前、後ろ、右前に分けて休み目にします。袖は、身頃と同様に作り目して輪にし、袖口の1目ゴム編みを編みます。続けてガーター編みを袖下で増しながら編みます。編終りは休み目にします。同じものを2枚編みます。ヨークは、前後身頃と袖から目を拾って、ガーター編みを減らしながら編みます。続けてフードを編みますが、1段めで指定の目数に減らし、1目ゴム編みを編みます。さらに続けてガーター編みを増減なく編みます。編終りは半分の目数に分けて、中表に二つ折りにし、引抜きはぎにします。前立てとフード縁回りは、前端とフード端から目を拾って細編みを編みますが、右前立ては3段めにボタンループを編みます。裾は前後を重ねて2枚一緒に拾って細編みでとじます。左前にボタンをつけます。ポンポンを作り、フードにつけます。

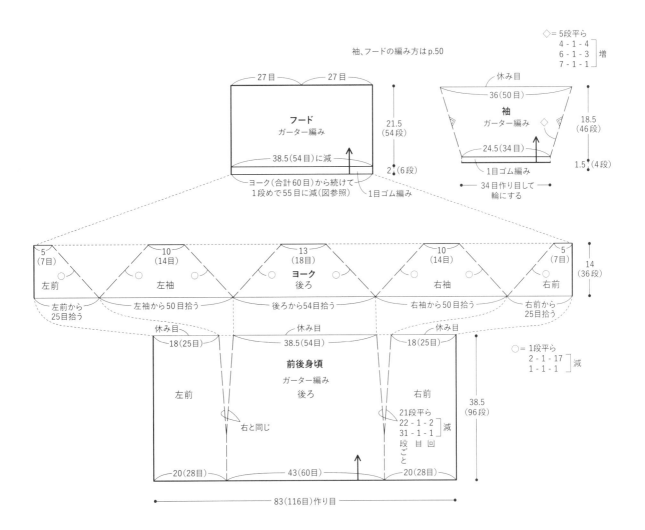

袖、フードの編み方は p.50

◇= 5段平ら
4 - 1 - 4
6 - 1 - 3 ｝増
7 - 1 - 1

フード
ガーター編み
27目　27目
21.5（54段）
38.5（54目）に減
2（6段）
ヨーク（合計60目）から続けて
1段めで55に減（図参照）
1目ゴム編み

休み目
袖
ガーター編み
36（50目）
18.5（46段）
24.5（34目）
1.5（4段）
1目ゴム編み
34目作り目して
輪にする

ヨーク
ガーター編み
5（7目）　左前
10（14目）　左袖
13（18目）　後ろ
10（14目）　右袖
5（7目）　右前
14（36段）
左前から25目拾う
左袖から50目拾う
後ろから54目拾う
右袖から50目拾う
右前から25目拾う

前後身頃
ガーター編み
休み目
18（25目）　38.5（54目）　18（25目）
左前　後ろ　右前
○= 1段平ら
2 - 1 - 17
1 - 1 - 1 ｝減
右と同じ
21段平ら
22 - 1 - 2
31 - 1 - 1 ｝減
段　目　回
ご　ご
と　と
38.5（96段）
20（28目）　43（60目）　20（28目）
83（116目）作り目

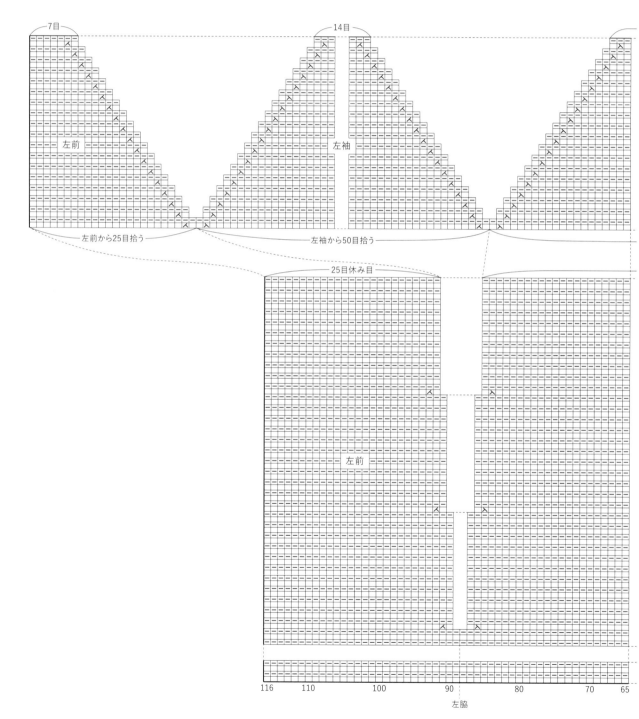

7目

14目

左前

左袖

左前から25目拾う

左袖から50目拾う

25目休み目

左前

116　110　100　90　80　70　65

左脇

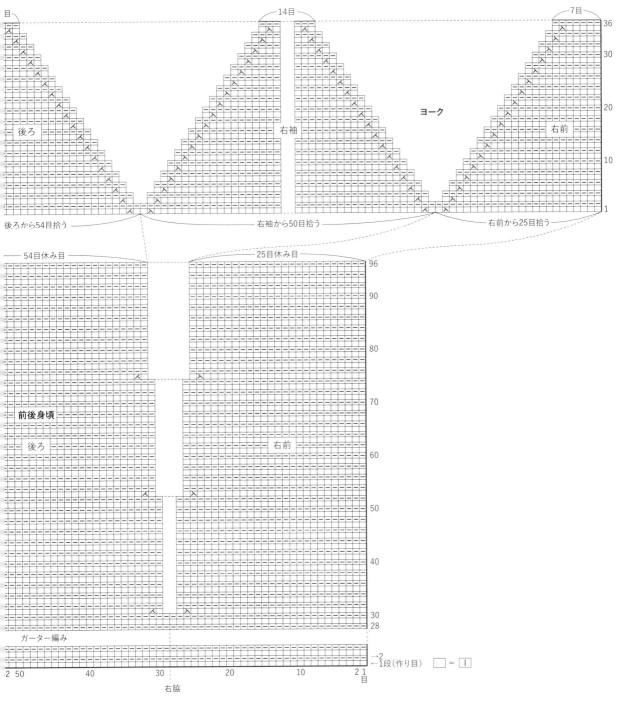

目

14目

7目

36

30

20

10

ヨーク

後ろ

右袖

後ろ

右前

1

後ろから54目拾う

右袖から50目拾う

右前から25目拾う

54目休み目

25目休み目

96

90

80

70

前後身頃

後ろ

右前

60

50

40

30

28

ガーター編み

→2
←1段(作り目)　□ = I

2 50

40

30

20

10

2 1
目

右脇

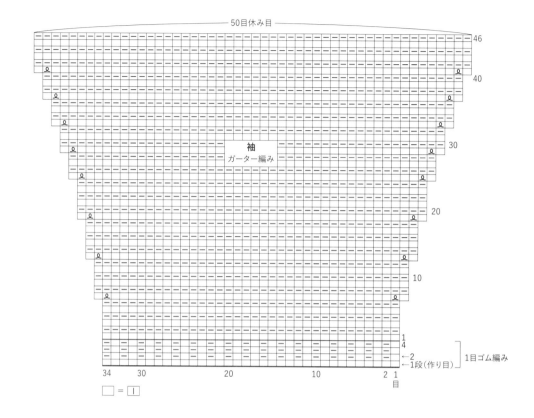

袖
ガーター編み

50目休み目

46
40
30
20
10
1
4
←2
←1段(作り目)

1目ゴム編み

34   30   20   10   2 1
目

□ = |

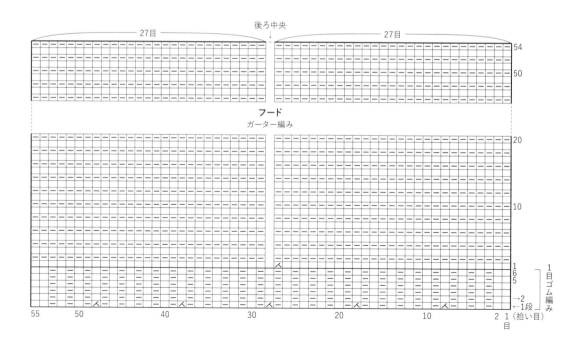

フード
ガーター編み

27目   後ろ中央 ↓   27目

54
50
20
10
1
6
5
→2
←1段(拾い目)

1目ゴム編み

55   50   40   30   20   10   2 1
目

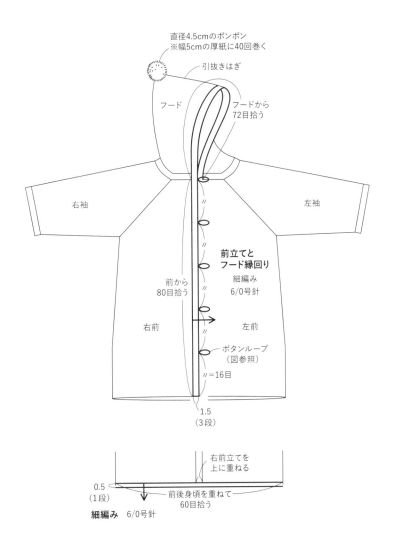

直径4.5cmのポンポン
※幅5cmの厚紙に40回巻く

引抜きはぎ

フード

フードから
72目拾う

右袖

左袖

前立てと
フード縁回り

細編み
6/0号針

前から
80目拾う

右前

左前

ボタンループ
(図参照)

〃=16目

1.5
(3段)

右前立てを
上に重ねる

0.5
(1段)

前後身頃を重ねて
60目拾う

細編み 6/0号針

前立てとフード縁回りの編み方

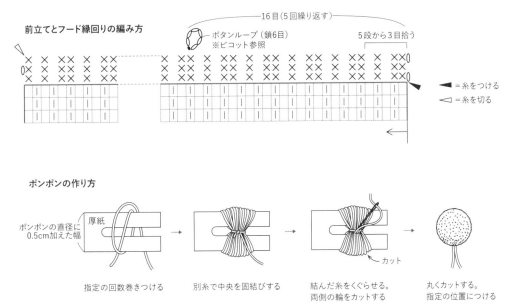

16目(5回繰り返す)

ボタンループ(鎖6目)
※ピコット参照

5段から3目拾う

▲=糸をつける
◁=糸を切る

ポンポンの作り方

ポンポンの直径に
0.5cm加えた幅

厚紙

指定の回数巻きつける

別糸で中央を固結びする

結んだ糸をくぐらせる。
両側の輪をカットする

カット

丸くカットする。
指定の位置につける

Gilet

size:70サイズ　photo:p.08

【糸】DMC BOUCLETTE ブークレット
プラム（136）　35g、ドラジェ（041）　15g

【用具】5号・7号40cm輪針

【その他】直径1.8cmのボタン2個、ボタンつけ糸

【ゲージ】メリヤス編み（縞）　14目22段が10cm四方
ガーター編み　15目28段が10cm四方

【サイズ】身幅26.5cm、着丈29.5cm

【編み方】糸は1本どりで、指定の配色で編みます。
前後身頃は、指に糸をかける方法で作り目をして輪にし、5号針で1目ゴム編みを編みます。7号針に替え、メリヤス編み（縞）で増減なく編みます。脇を休み目にし、後ろ、前に分けて往復に減らしながら編みます。編終りは休み目にします。袖ぐりは、脇の休み目と前後から目を拾ってガーター編みで編み、編終りは裏から伏止めにします。前衿ぐりは、身頃と袖ぐりから目を拾ってガーター編みで編み、編終りは裏から伏止めにします。後ろ衿ぐりは、肩ひもを続けて編み、指定の位置にボタン穴をあけます。編終りは裏から伏止めにします。前衿ぐりにボタンをつけます。肩ひもの長さとボタンつけ位置は調節してください。

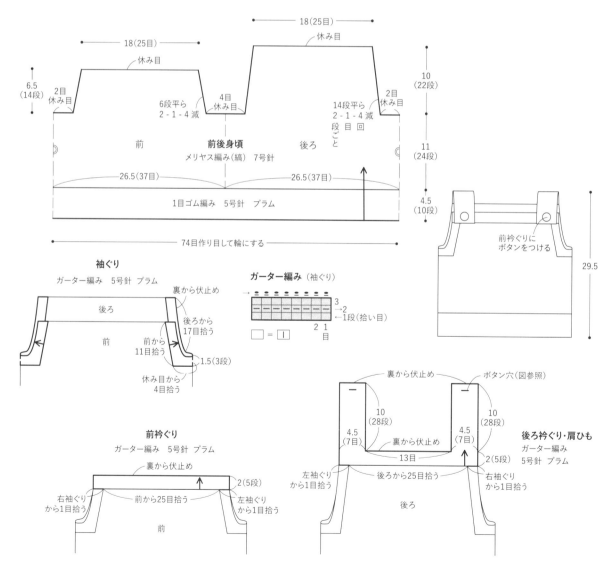

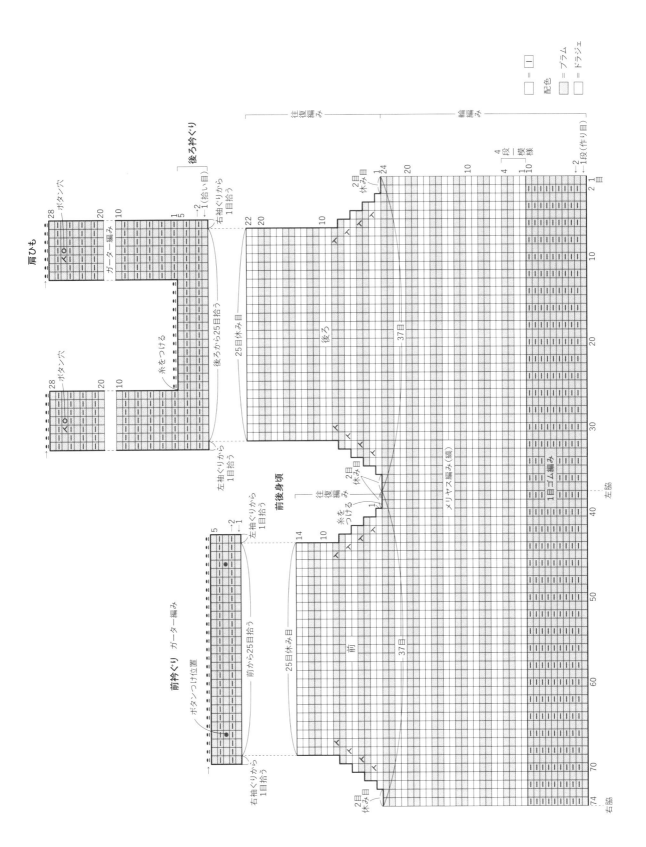

Bloomer

size:70サイズ　photo:p.08

【糸】DMC BOUCLETTE ブークレット
プラム（136）　45g
薄紫の中太糸少々（引抜きはぎ用）
【用具】5号・7号40cm輪針、5号4本棒針、7/0号かぎ針
【ゲージ】ガーター編み　14目24段が10cm四方
【サイズ】ヒップ50cm、深さ26cm

【編み方】糸は1本どりで編みます。
前後パンツは、指に糸をかける方法で作り目をして輪にし、5号針で1目
ゴム編みを編みます。7号針に替え、ガーター編みで増減なく編みます。
脇を休み目にし、前後に分けて往復に減らしながら編みます。編終りは休
み目にし、引抜きはぎにします。足口は前後と休み目から目を拾って、1目
ゴム編みを輪に編み、編終りは前段と同じ記号で編んでゆるめに伏止め
にします。ひもは、スレッドコードで編み、指定の位置に通します。

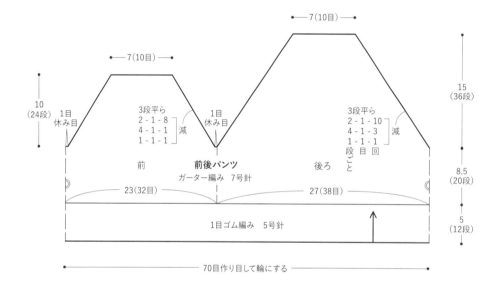

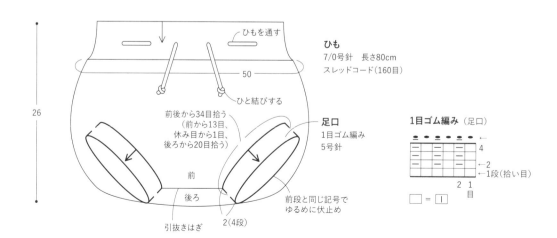

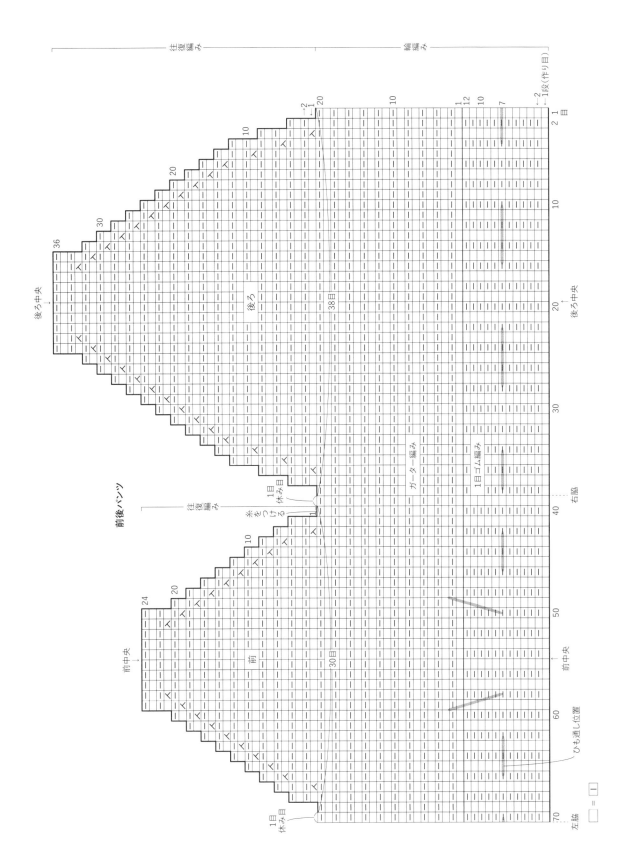

前後パンツ

Pull pour Bébé

size:90サイズ　photo:p.10

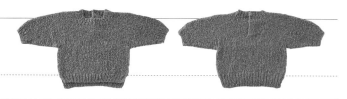

【糸】DMC BOUCLETTE ブークレット
タン（122）　110g

【用具】6号・8号60cm輪針、8号・6号4本棒針

【その他】直径1.5cmのボタン3個、ボタンつけ糸

【ゲージ】メリヤス編み　15目23段が10cm四方

【サイズ】身幅31.5cm、着丈33cm、ゆき丈37.5cm

【編み方】糸は1本どりで編みます。（詳しい編み方はp.36参照）
指に糸をかける方法で59目作り目をして、6号針で衿ぐりを1目ゴム編み
で往復に編みます。8号針に替え、ヨークをメリヤス編みで編みます。右
後ろにはボタン穴をあけます。後ろ端の▲の上に△を重ねて2目一度に
5目編み、続けて輪に4段編みます。後ろのみ往復に9段編みます。袖を
休み目にし、前後を続けて輪に編みますが、脇で巻き増し目をして、次段
で巻き増し目の両側をねじり増し目にします。増減なく編み、前の28段
めで図のように減らします。6号針に替え、1目ゴム編みを往復に編み、編
終りは伏止めにします。後ろは糸をつけて1目ゴム編みを編みます。袖は
ヨークの休み目を針に移し、後ろから8目、★と☆から各2目、ヨークと★
の間から2目拾って、8号針でメリヤス編みを減らしながら輪に編みます。
30段めで図のように減らし、6号針に替え、1目ゴム編みを編み、編終り
は伏止めにします。後ろあきにボタンをつけます。

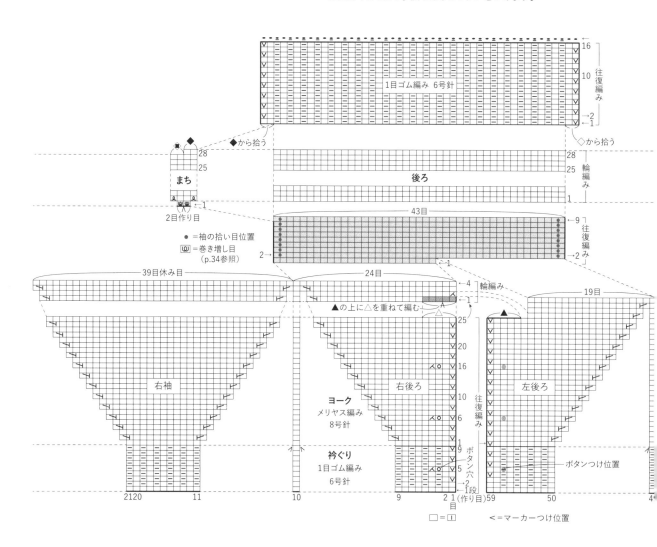

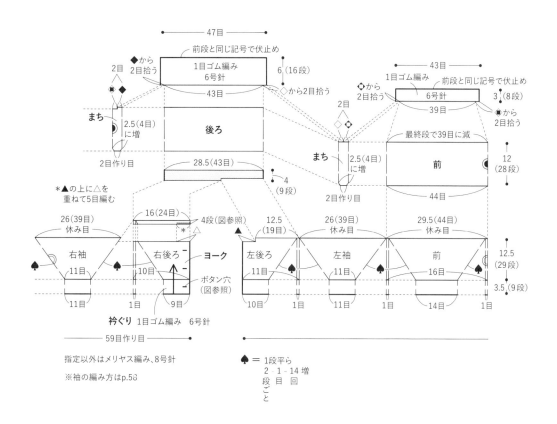

47目

前段と同じ記号で伏止め

1目ゴム編み
6号針

43目

6 (16段)

◇から2目拾う

◆から
2目拾う

2目

2.5(4目)
に増

まち

2目作り目

後ろ

28.5(43目)

4
(9段)

43目

1目ゴム編み   前段と同じ記号で伏止め
6号針

39目

3(8段)

■から
2目拾う

◆から
2目拾う

2目

2.5(4目)
に増

まち

2目作り目

最終段で39目に減

前

12
(28段)

44目

*▲の上に△を
重ねて5目編む

26(39目)
休み目

右袖

11目

♠

11目

16(24目)

4段(図参照)

* △

右後ろ

10目

1目

ボタン穴
(図参照)

9目

ヨーク

▲

左後ろ

11目

♠

10目   1目

12.5
(19目)

26(39目)
休み目

左袖

11目

♠

11目   1目

29.5(44目)
休み目

前

16目

14目   1目

12.5
(29段)

♠

3.5(9段)

衿ぐり 1目ゴム編み   6号針

59目作り目

指定以外はメリヤス編み、8号針

※袖の編み方はp.58

♠ = 1段平ら
2 - 1 - 14 増
段 目 回
ごと

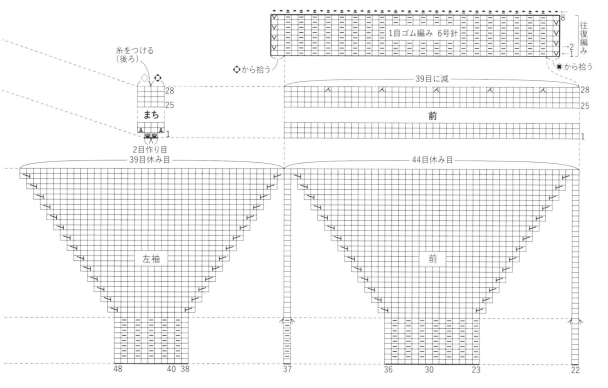

糸をつける
(後ろ)

◇   ◆

28

25

まち

1

2目作り目

39目休み目

1目ゴム編み 6号針

◇から拾う

■から拾う

8

往
復
編
み

→2
←1

39目に減

前

28

25

1

44目休み目

左袖

48   40 38

37

前

36   30   23

22

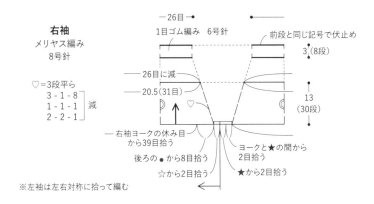

右袖
メリヤス編み
8号針

♡=3段平ら
3 - 1 - 8
1 - 1 - 1
2 - 2 - 1 } 減

←26目→●
1目ゴム編み　6号針

前段と同じ記号で伏止め

3(8段)

—26目に減
—20.5(31目)
♡

13
(30段)

— 右袖ヨークの休み目
から39目拾う

ヨークと★の間から
2目拾う

後ろの●から8目拾う

☆から2目拾う

★から2目拾う

※左袖は左右対称に拾って編む

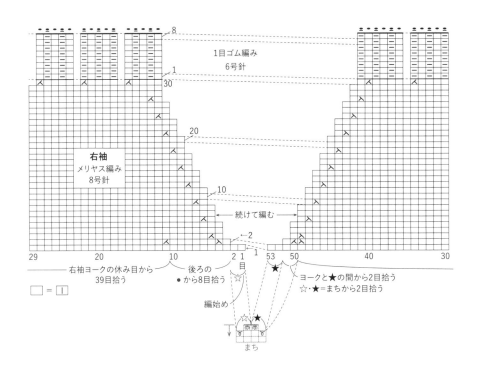

8
1目ゴム編み
6号針

1
30

20

右袖
メリヤス編み
8号針

10

続けて編む

2

29　　20　　10　　2 1　53 50　　40　　30
目　1

— 右袖ヨークの休み目から
39目拾う

後ろの
●から8目拾う

☆

★

ヨークと★の間から2目拾う
☆・★=まちから2目拾う

□ = |

編始め

☆　★

まち

腹巻き

Bande Ventrale

size：80サイズ　photo：p.14

【糸】DMC BOUCLETTE ブークレット
パシフィック（138）　45g

【用具】8号40cm輪針

【ゲージ】メリヤス編み　15目25段が10cm四方、
模様編み　18目25段が10cm四方

【サイズ】周囲52cm、丈21cm

【編み方】糸は1本どりで編みます。
指に糸をかける方法で作り目をして輪にし、1目ゴム編みを6段編みます。
続けてメリヤス編みと模様編みで増減なく編みます。さらに続けて1目ゴム編みを6段編みます。編終りは前段と同じ記号でゆるめに伏止めにします。

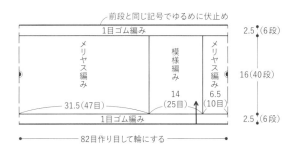

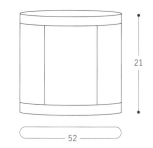

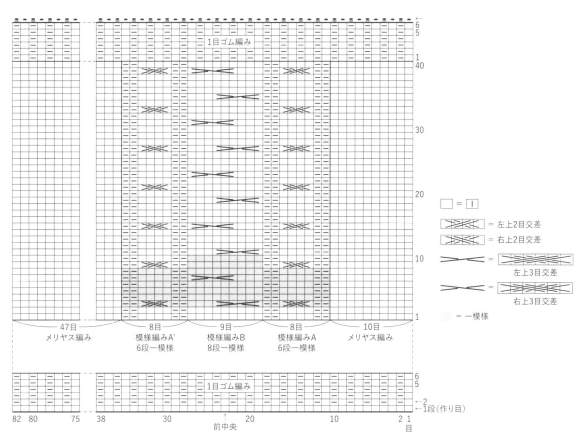

59

Tunique

size:80/90サイズ　photo:p.12

【糸】DMC BOUCLETTE ブークレット
ピーチ（04）　80サイズ:98g、90サイズ:120g
ピンクの中太糸少々（引抜きはぎ用）

【用具】7号60cm輪針、7号4本棒針、6/0号かぎ針

【その他】直径1.2cmのボタン1個、ボタンつけ糸

【ゲージ】メリヤス編み　15目23段が10cm四方

【サイズ】80サイズ:身幅26.5cm、背肩幅23cm、着丈37cm
90サイズ:身幅28cm、背肩幅24cm、着丈42.5cm

【編み方】糸は1本どりで編みます。
前後スカートは、指に糸をかける方法で作り目をして輪にし、ガーター編みを4段編みます。続けてメリヤス編みを編み、最終段で指定の目数に減らします。前後身頃の脇下を輪に編みます。続けて後ろを往復に減らしながら編みます。後ろあきは左右に分けて編みます。後ろ衿ぐりは、減らしながら編みます。編終りは休み目にします。前は、糸をつけて後ろと同様に編みます。肩を引抜きはぎにします。袖ぐりは、前後から目を拾ってガーター編みで輪に編み、編終りは伏止めにします。衿ぐりは前後から目を拾ってガーター編みで往復に編み、編終りは裏から伏止めにします。続けてボタンループを編みます。後ろ衿ぐりにボタンをつけます。

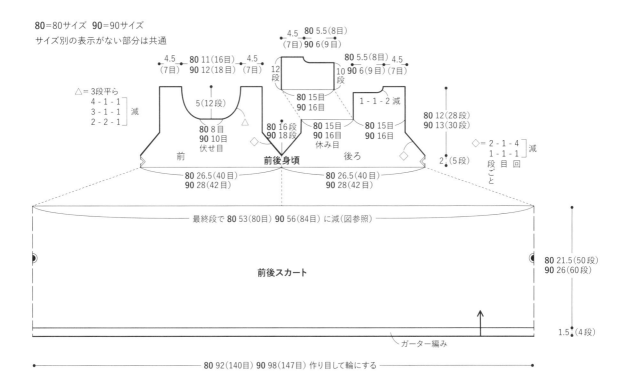

80＝80サイズ　90＝90サイズ
サイズ別の表示がない部分は共通

指定以外はメリヤス編み

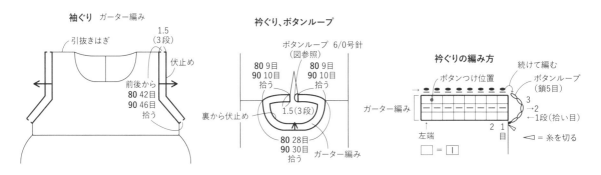

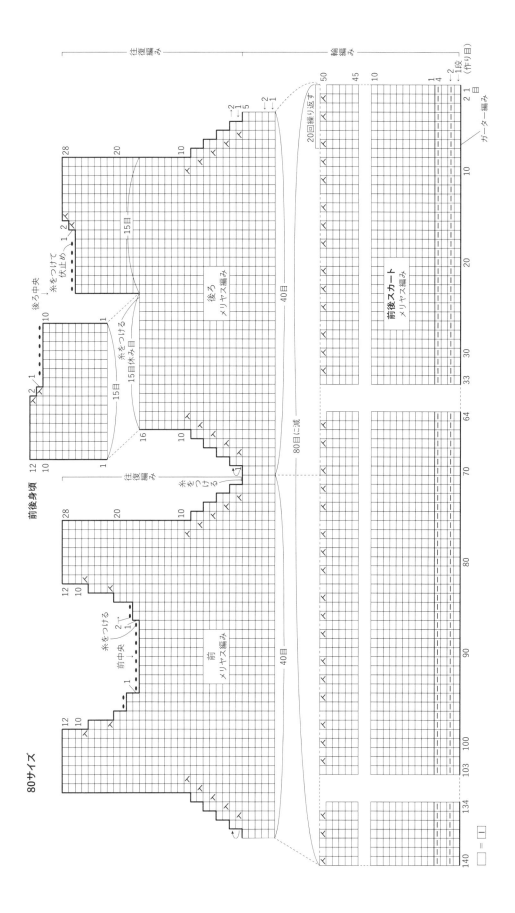

前後身頃

80サイズ

□ = ⊡

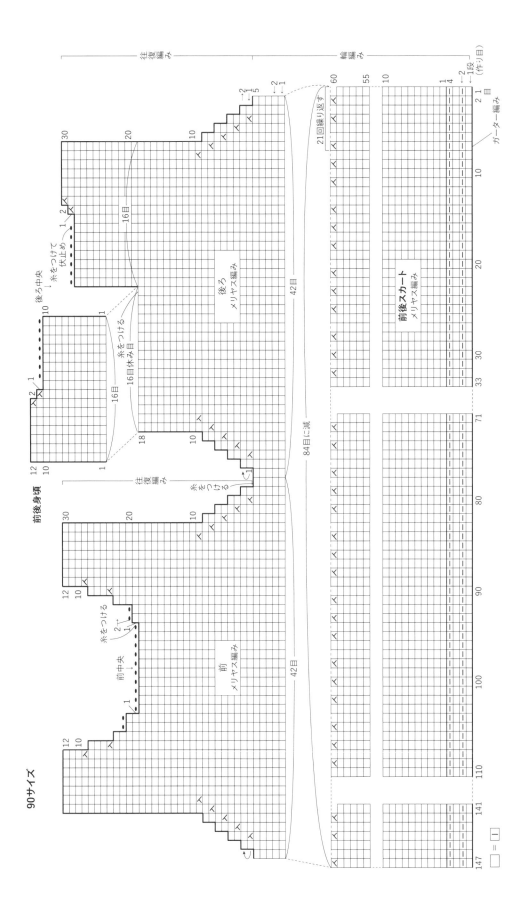

90サイズ

前後身頃

前後スカート

ハーフパンツ

Demi Pantalon

size:80/90サイズ　photo:p.15

【糸】DMC BOUCLETTE ブークレット
メインクーングレイ(120)　80サイズ:85g　90サイズ:110g
薄グレーの中太糸少々(すくいとじ、巻きかがり用)

【用具】6号2本棒針

【その他】幅1.5cmのゴムテープ
80サイズ:48cm、90サイズ:51cm

【ゲージ】メリヤス編み　16目25段が10cm四方

【サイズ】80サイズ:ウエスト48cm、ヒップ52cm、
パンツ丈35.5cm
90サイズ:ウエスト51cm、ヒップ58cm、パンツ丈41.5cm

【編み方】糸は1本どりで編みます。
指に糸をかける方法で作り目をして、ガーター編みを4段編みます。続けて股下をメリヤス編みで増しながら編みます。股上は減らしながら編みます。編終りは伏止めで減らしながら編みます。ベルトは、パンツの最終段から拾ってメリヤス編みで編み、編終りは裏から伏止めにします。左右対称に2枚編み、股下、股上をすくいとじします。ゴムテープを縫い合わせて輪にし、ベルトの始末をします。

80=80サイズ　**90**=90サイズ
サイズ別の表示がない部分は共通

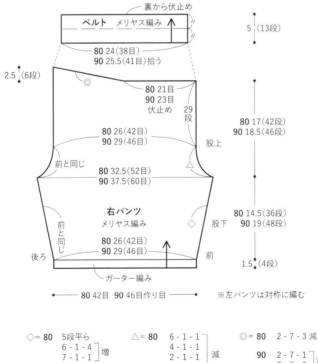

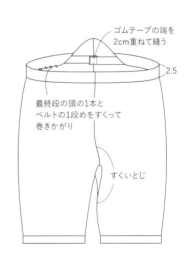

裏から伏止め

ベルト　メリヤス編み

5 (13段)

80 24(38目)
90 25.5(41目)拾う

2.5 (6段)

80 21目
90 23目
伏止め

29段

80 17(42段)
90 18.5(46段)

80 26(42目)
90 29(46目)

股上

前と同じ

80 32.5(52目)
90 37.5(60目)

右パンツ
メリヤス編み

前と同じ

80 26(42目)
90 29(46目)

後ろ

ガーター編み

80 14.5(36段)
90 19(48段)

股下

前

1.5 (4段)

ゴムテープの端を
2cm重ねて縫う

2.5

最終段の頭の1本と
ベルトの1段めをすくって
巻きかがり

すくいとじ

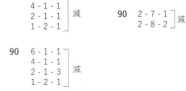
80 42目 **90** 46目作り目

※左パンツは対称に編む

◇= **80** 5段平ら
6-1-4 }増
7-1-1

90 5段平ら
6-1-6 }増
7-1-1
段 目 回
ごと

△= **80** 6-1-1
4-1-1
2-1-1 }減
1-2-1

90 6-1-1
4-1-1
2-1-3 }減
1-2-1

◎= **80** 2-7-3 減

90 2-7-1
2-8-2 }減

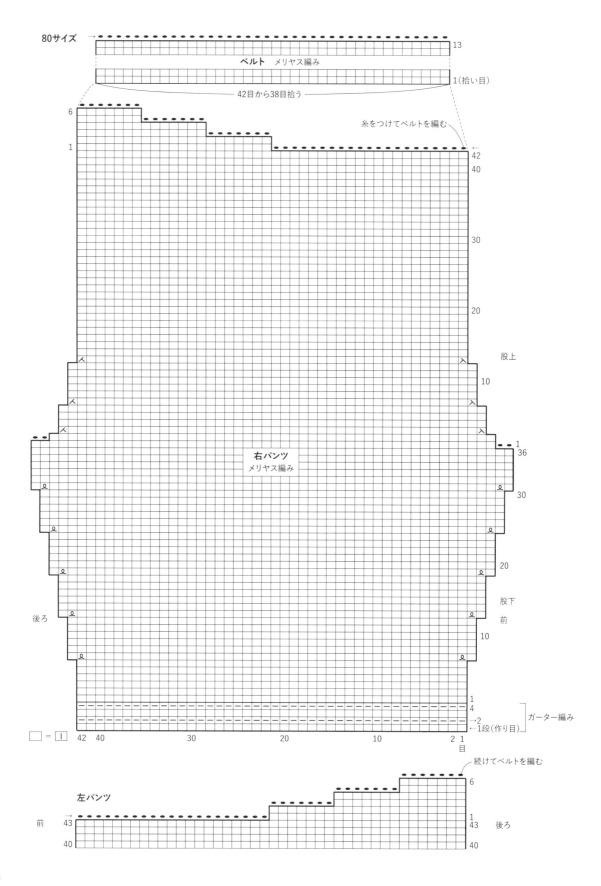

80サイズ →

ベルト　メリヤス編み

13

1（拾い目）

42目から38目拾う

6

1

糸をつけてベルトを編む

←42
40

30

20

股上

10

右パンツ
メリヤス編み

1
36

30

20

股下
前

10

後ろ

1
4
→2
←1段（作り目）

ガーター編み

□ = □

42　40　　　　30　　　　20　　　　10　　　2 1
目

続けてベルトを編む

6

左パンツ

前　→43

1
43

後ろ

40

40

90サイズ

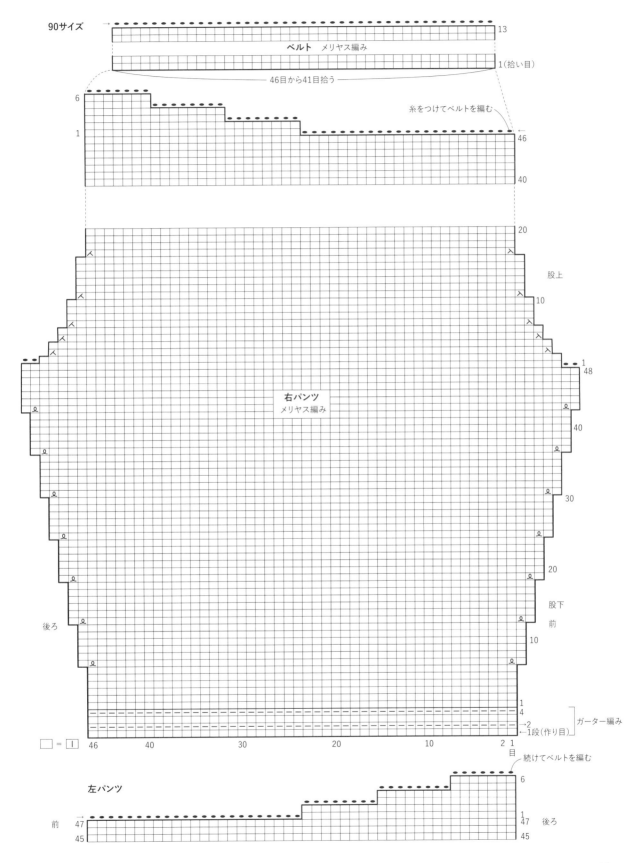

ベルト　メリヤス編み

13

1(拾い目)

46目から41目拾う

6

1

糸をつけてベルトを編む

←46

40

20

股上

10

1
48

右パンツ
メリヤス編み

40

30

20

股下
前

10

後ろ

1
4
→2
←1段(作り目)

ガーター編み

□ = I

46　　40　　　　30　　　　20　　　　10　　2 1
目

続けてベルトを編む

左パンツ

→6

前
→47

1
47 後ろ

45

45

女の子カーディガン

Gilet Bébé Fille

size:90サイズ　photo:p.17

【糸】DMC BOUCLETTE ブークレット
ドラジェ（041）　150g
薄紫の中太糸少々（引抜きはぎ、引抜きとじ用）

【用具】6号・8号40cm輪針、10/0号かぎ針

【その他】直径1.5cmのボタン5個、ボタンつけ糸

【ゲージ】メリヤス編み　16目23段が10cm四方

【サイズ】身幅36cm、着丈32.5cm、ゆき丈35cm

【編み方】糸は1本どりで編みます。（詳しい編み方はp.26参照）
後ろは、指に糸をかける方法で作り目をします。ガーター編みとメリヤス編みで編みます。最終段で後ろ衿ぐりを伏止めにします。編終りは休み目にします。前は後ろと同様に編み始め、前立てをガーター編みで編みます。右前立てにはボタン穴をあけます。前衿ぐりは減らしながら編み、編終りは休み目にします。前後の肩を引抜きはぎします。袖は指定の位置から拾って、メリヤス編みで編みます。袖の最終段で目数を半分に減らし、1目ゴム編みを編み、編終りは伏止めにします。脇と袖下を引抜きとじにします。衿ぐりを細編みで編みます。左前立てにボタンをつけます。

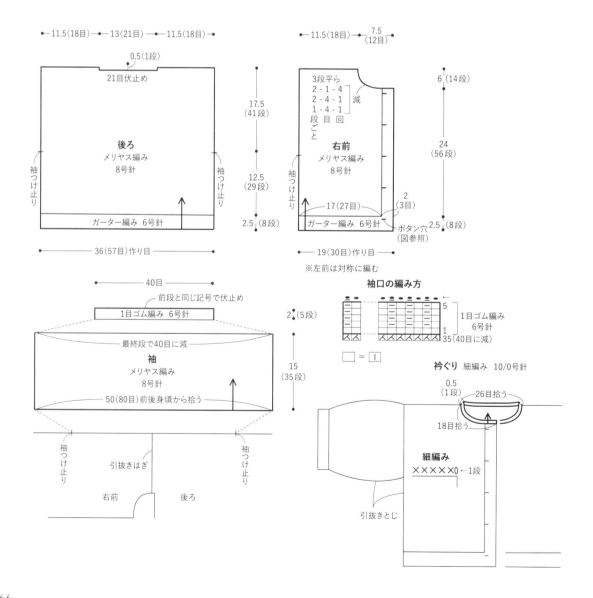

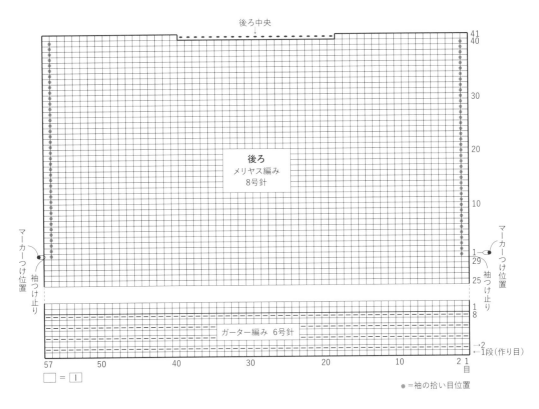

後ろ中央

後ろ
メリヤス編み
8号針

マーカーつけ位置
袖つけ止り

マーカーつけ位置
袖つけ止り

ガーター編み 6号針

→2
←1段(作り目)

□ = 1

● =袖の拾い目位置

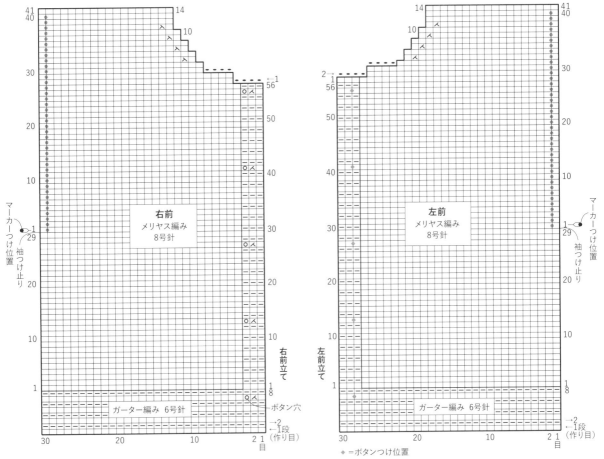

右前
メリヤス編み
8号針

マーカーつけ位置
袖つけ止り

右前立て

ガーター編み 6号針

ボタン穴

→2
←1段(作り目)

左前
メリヤス編み
8号針

マーカーつけ位置
袖つけ止り

左前立て

ガーター編み 6号針

→2
←1段(作り目)

◆ =ボタンつけ位置

男の子カーディガン

Gilet Bébé Garçon

size:70/90サイズ　photo:p.16

【糸】DMC BOUCLETTE ブークレット
パシフィック（138）70サイズ:90g　90サイズ:120g
薄緑の中太糸少々（引抜きはぎ、引抜きとじ用）

【用具】6号・8号40cm輪針、10/0号かぎ針

【その他】直径1.5cmのボタン
70サイズ:4個　90サイズ:5個、ボタンつけ糸

【ゲージ】メリヤス編み　16目23段が10cm四方

【サイズ】70サイズ:身幅31.5cm、着丈28.5cm、
ゆき丈30.5cm
90サイズ:身幅36cm、着丈32.5cm、ゆき丈35cm

【編み方】糸は1本どりで編みます。（詳しい編み方はp.26参照）
後ろは、指に糸をかける方法で作り目をします。ガーター編みとメリヤス
編みで編みます。最終段で後ろ衿ぐりを伏止めにします。編終りは休み
目にします。前は後ろと同様に編み始め、前立てをガーター編みで編み
ます。右前立てにはボタン穴をあけます。前衿ぐりは減らしながら編み、
編終りは休み目にします。前後の肩を引抜きはぎします。袖は指定の位
置から拾って、メリヤス編みで減らしながら編みます。続けて1目ゴム編
みを編み、編終りは伏止めにします。脇と袖下を引抜きとじにします。衿
ぐりを細編みで編みます。左前立てにボタンをつけます。

70=70サイズ　90=90サイズ
サイズ別の表示がない部分は共通　　　※70サイズの前後衿ぐりとボタン穴の編み方はp.26〜28と同じ

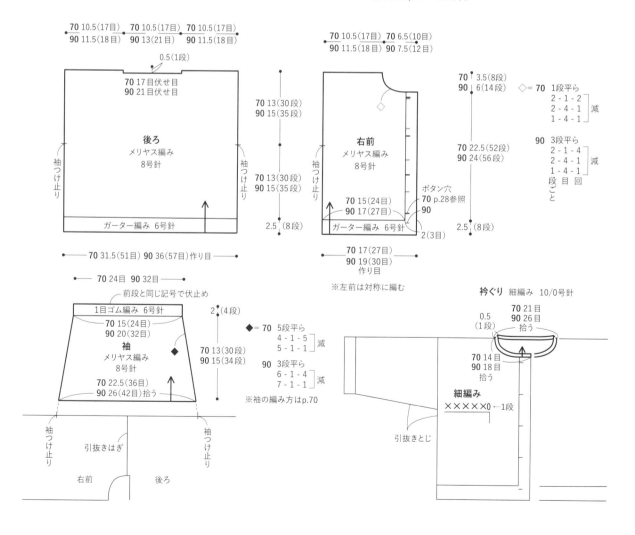

90サイズ

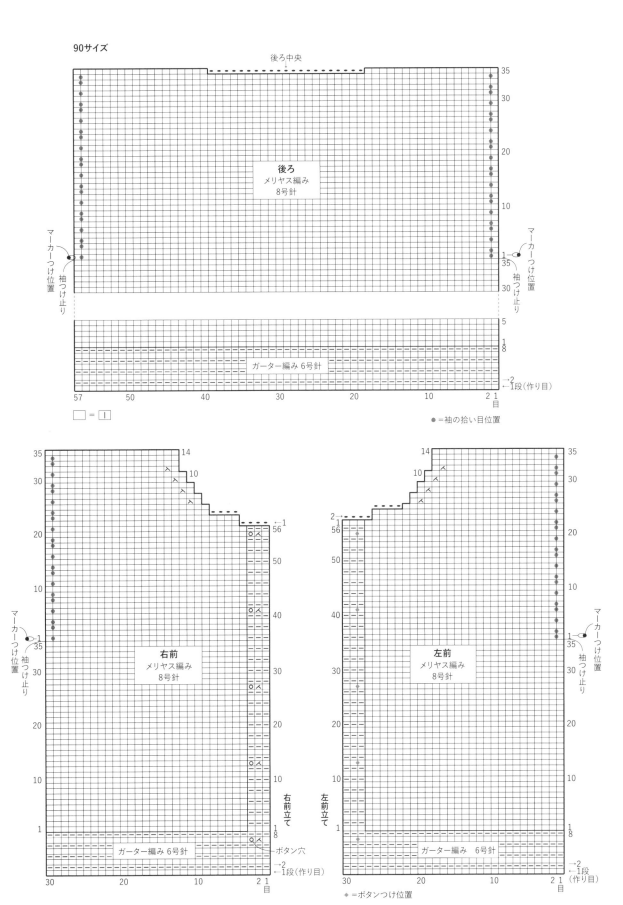

後ろ中央

後ろ
メリヤス編み
8号針

マーカーつけ位置
袖つけ止り

マーカーつけ位置
袖つけ止り

ガーター編み 6号針

→2
←1段（作り目）

□ = Ｉ

●=袖の拾い目位置

右前
メリヤス編み
8号針

マーカーつけ位置
袖つけ止り

右前立て

ガーター編み 6号針

ボタン穴

→2
←1段（作り目）

左前
メリヤス編み
8号針

マーカーつけ位置
袖つけ止り

左前立て

ガーター編み 6号針

→2
←1段（作り目）

◆=ボタンつけ位置

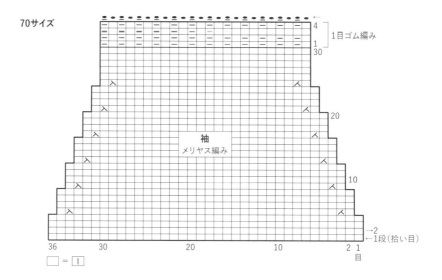

70サイズ

4
1目ゴム編み
1
30

20

袖
メリヤス編み

10

→2
←1段(拾い目)

36   30   20   10   2 1
目

□ = [I]

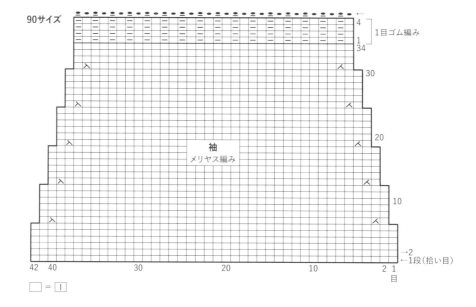

90サイズ

4
1目ゴム編み
1
34

30

20

袖
メリヤス編み

10

→2
←1段(拾い目)

42 40   30   20   10   2 1
目

□ = [I]

袖の拾い目

1

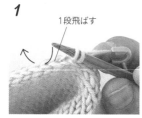

1段飛ばす

袖は前後身頃の段から目を拾って編みます。袖つけ止り位置の端1目内側に針を入れ、1段ずつ2目拾い、1段飛ばして3目めを拾います。

2

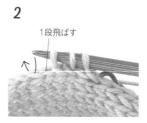

1段飛ばす

1段飛ばして1を繰り返します。

3

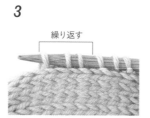

繰り返す

ブランケット

Couverture Bébé

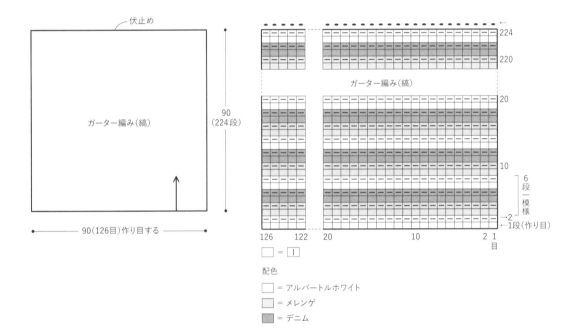

photo：p.18

【糸】DMC BOUCLETTE ブークレット
アルバートルホワイト（01） 100g、
メレンゲ（104）・デニム（107） 各95g

【用具】8号60cm輪針

【ゲージ】ガーター編み（縞） 14目25段が10cm四方

【サイズ】90×90cm

【編み方】糸は1本どりで、指定の配色で編みます。
指に糸をかける方法で作り目をします。ガーター編み（縞）で編みます。
編終りは伏止めにします。

（左図）
伏止め

ガーター編み（縞）

90
（224段）

90（126目）作り目する

（右図）
ガーター編み（縞）

224
220

20

10

6段一模様

→2
←1段（作り目）

126 122 20 10 2 1 目

□ = ⊺

配色

□ = アルバートルホワイト
□ = メレンゲ
■ = デニム

縞模様の糸の替え方（ガーター編みの場合）

1

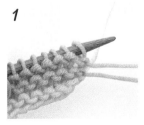

3色の糸で、ガーター編みを各2段ずつ編みます。糸は切らずに端で休めます。次に編む糸を、休めた2色の糸の下から渡します。

2

ガーター編みを編みます。端の糸の引き加減に注意します。

3

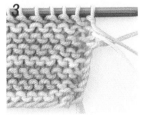

次に編む糸は、休めた2色の下から渡して編みます。

Robe Bébé

size:70/90サイズ　photo:p.19

【糸】DMC BOUCLETTE ブークレット
デニム（107）　70サイズ:110g　90サイズ:150g

【用具】6号・8号60cm輪針、8号・6号4本棒針

【その他】直径1.5cmのボタン3個、ボタンつけ糸

【ゲージ】メリヤス編み　15目23段が10cm四方

【サイズ】70サイズ:身幅27.5cm、着丈37.5cm、
ゆき丈31cm
90サイズ:身幅31.5cm、着丈47.5cm、ゆき丈37.5cm

【編み方】糸は1本どりで編みます。（詳しい編み方はp.36参照）
指に糸をかける方法で作り目をして、6号針で衿ぐりを1目ゴム編みで往復に編みます。8号針に替え、ヨークをメリヤス編みで編みます。右後ろにはボタン穴をあけます。後ろ端の▲の上に△を重ねて2目一度に5目編み、続けて輪に編みます。後ろのみ往復に編みます。袖を休み目にし、前後を続けて輪に編みますが、脇で巻き増し目をして、次段で巻き増し目の両側をねじり増し目にします。増減なく編み、前の最終段で図のように減らします。6号針に替え、1目ゴム編みを往復に編み、編終りは伏止めにします。後ろは糸をつけて1目ゴム編みを編みます。袖はヨークの休み目を針に移し、後ろから指定の目数を拾い、★と☆から各2目、ヨークと★の間から2目拾って、8号針でメリヤス編みを減らしながら輪に編みます。最終段で図のように減らし、6号針に替え、1目ゴム編みを編み、編終りは伏止めにします。後ろあきにボタンをつけます。

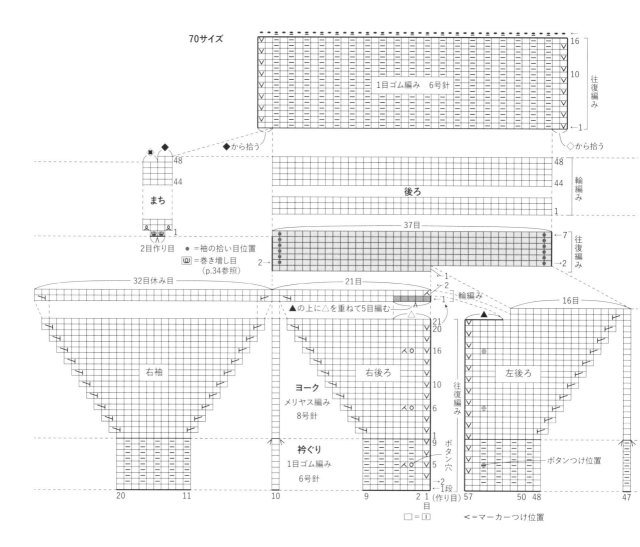

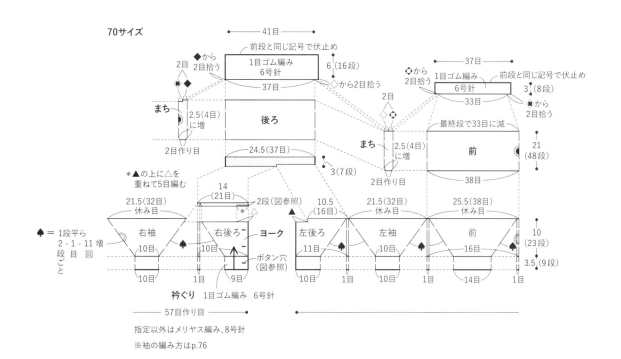

70サイズ

*▲の上に△を
重ねて5目編む

♠ = 1段平ら
　2 - 1 - 11 増
　段 目 回
　　　目 ごと

衿ぐり　1目ゴム編み　6号針

指定以外はメリヤス編み、8号針

※袖の編み方はp.76

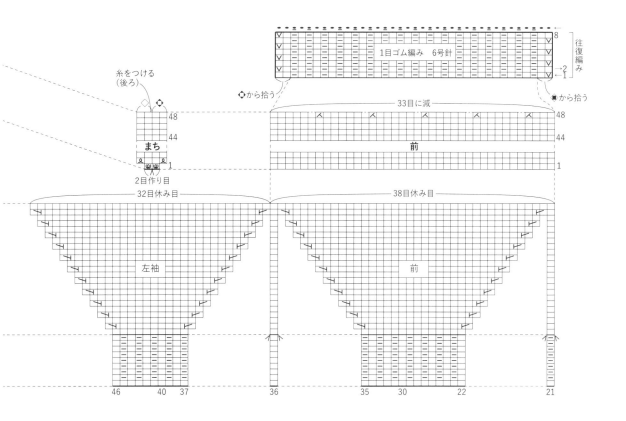

糸をつける
（後ろ）

73

ワンピース

Robe Bébé

size:90サイズ　photo:p.19

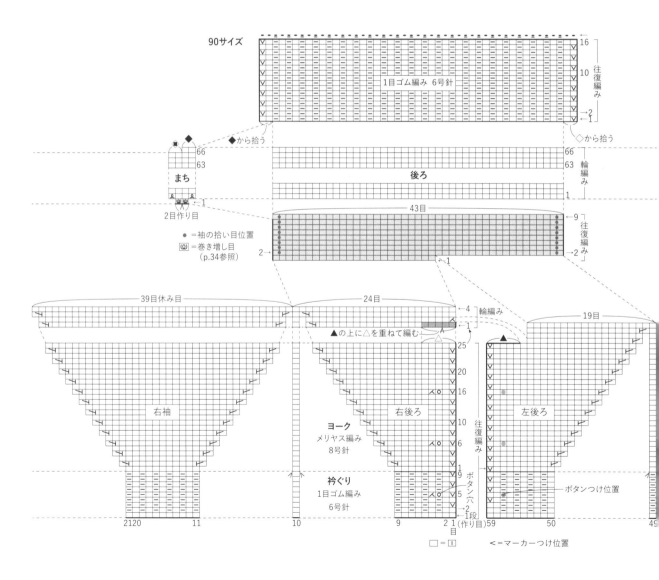

90サイズ

1目ゴム編み　6号針

→16

10

往復編み

→2
←1

◆から拾う

◇から拾う

66
63

まち

後ろ

66
63

輪編み

1

2目作り目

1

● =袖の拾い目位置
ⓦ =巻き増し目
（p.34参照）

43目

→9
往復編み
→2

2→

▲の上に△を重ねて編む

39目休み目

24目

→4 輪編み
→1

19目

25

右袖

20

16

右後ろ

左後ろ

ヨーク
メリヤス編み
8号針

10

6

往復編み

ボタン穴

衿ぐり
1目ゴム編み
6号針

9

5

2

1段
（作り目）

ボタンつけ位置

2120　　　11

10

9　2 1
目

59　　　50

49

□=Ⅰ　　　＜=マーカーつけ位置

74

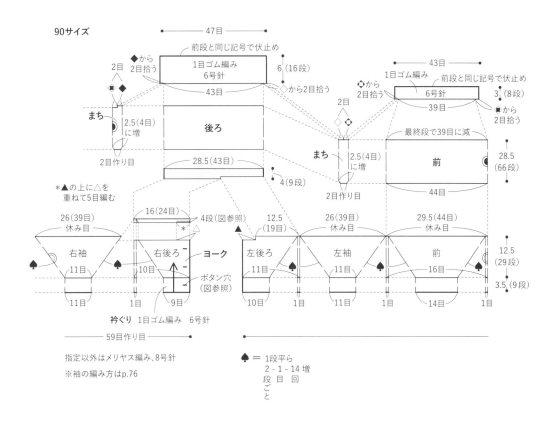

90サイズ

47目

前段と同じ記号で伏止め

◆から
2目拾う

2目

1目ゴム編み
6号針

43目

6(16段)

◇から2目拾う

まち

2.5(4目)
に増

2目作り目

後ろ

28.5(43目)

4(9段)

43目

1目ゴム編み

前段と同じ記号で伏止め

◇から
2目拾う

2目

6号針

39目

3(8段)

■から
2目拾う

最終段で39目に減

まち

2.5(4目)
に増

2目作り目

前

44目

28.5
(66段)

*▲の上に△を
重ねて5目編む

26(39目)
休み目

右袖

11目

11目

♠

♠

16(24目)

4段(図参照)

*

△

右後ろ

10目

1目

ヨーク

9目

ボタン穴
(図参照)

12.5
(19目)

▲

26(39目)
休み目

29.5(44目)
休み目

左後ろ

左袖

前

11目

♠

11目

♠

16目

♠

10目

1目

11目

1目

14目

1目

12.5
(29段)

3.5(9段)

衿ぐり 1目ゴム編み 6号針

59目作り目

指定以外はメリヤス編み、8号針

※袖の編み方はp.76

♠ ＝ 1段平ら
2 - 1 - 14 増
段 目 回
ご と

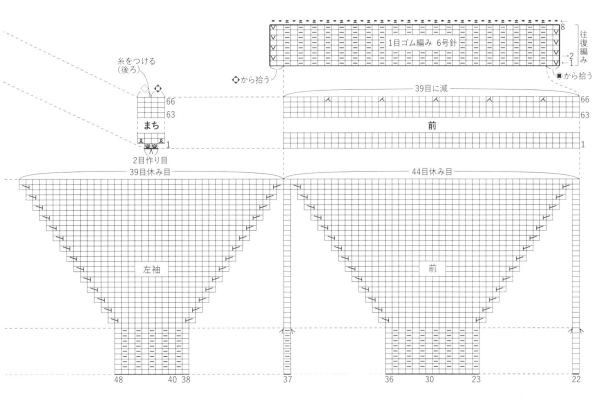

糸をつける
(後ろ)

◇

◆

まち

66
63

2目作り目

1

1目ゴム編み 6号針

8

往復
編み

2
1

◇から拾う

■から拾う

39目に減

66

63

前

1

39目休み目

44目休み目

左袖

前

48 40 38

37

36 30 23

22

70サイズ

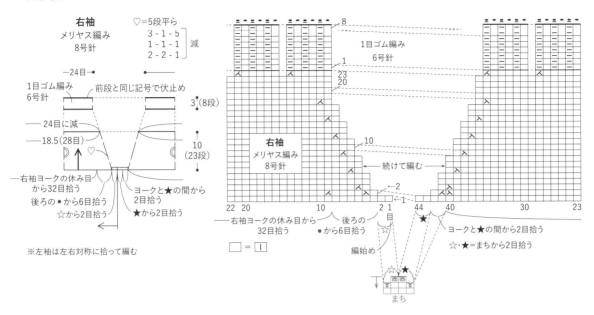

右袖
メリヤス編み
8号針

♡=5段平ら
3-1-5
1-1-1 減
2-2-1

―24目●―

1目ゴム編み
6号針

前段と同じ記号で伏止め

3(8段)

―24目に減

―18.5(28目)

10
(23段)

―右袖ヨークの休み目から32目拾う

後ろの●から6目拾う

☆から2目拾う

★から2目拾う

ヨークと★の間から
2目拾う

※左袖は左右対称に拾って編む

1目ゴム編み
6号針

右袖
メリヤス編み
8号針

8
1
23
20
10

―右袖ヨークの休み目から
32目拾う

後ろの
●から6目拾う

2
目

編始め

続けて編む

ヨークと★の間から2目拾う

☆・★=まちから2目拾う

□ = |

まち

90サイズ

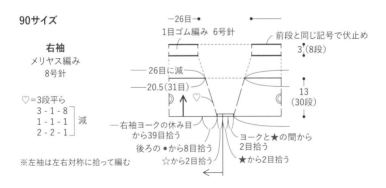

右袖
メリヤス編み
8号針

♡=3段平ら
3-1-8
1-1-1 減
2-2-1

―26目●―
1目ゴム編み 6号針

前段と同じ記号で伏止め
3(8段)

―26目に減

―20.5(31目)

13
(30段)

―右袖ヨークの休み目
から39目拾う

後ろの●から8目拾う

☆から2目拾う

★から2目拾う

ヨークと★の間から
2目拾う

※左袖は左右対称に拾って編む

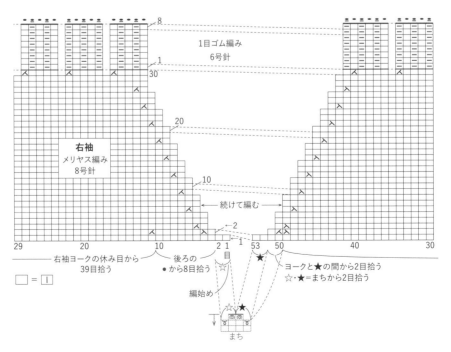

8
1
30
20
10

右袖
メリヤス編み
8号針

続けて編む

2

―右袖ヨークの休み目から
39目拾う

後ろの
●から8目拾う

2
目

編始め

ヨークと★の間から2目拾う

☆・★=まちから2目拾う

□ = |

まち

セーター

Pull Marin

size：80/90サイズ　photo：p.20

【糸】DMC BOUCLETTE ブークレット
ビンテージブルー（07）　80サイズ：100g、90サイズ：120g
アルバートルホワイト（01）　80サイズ：5g、90サイズ：5g

【用具】7号60cm輪針、7号4本棒針

【その他】直径1.5cmのボタン3個、ボタンつけ糸

【ゲージ】裏メリヤス編み　15目25段が10cm四方

【サイズ】80サイズ：身幅33cm、着丈31cm、ゆき丈35.5cm
90サイズ：身幅36cm、着丈35cm、ゆき丈39.5cm

【編み方】糸は1本どりで、指定の配色で編みます。
前後身頃は、指に糸をかける方法で作り目をして輪にし、ガーター編みを
4段編みます。続けて裏メリヤス編みを編みます。続けて後ろを往復に編
みます。衿ぐりは左右に分けて編みます。左肩は続けて持出しをガータ
ー編みで編み、編終りは伏止めにします。右肩は休み目にします。前は、
糸をつけて後ろと同様に編みます。左肩の持出しはガーター編みで編み、
ボタン穴を作ります。右肩を引抜きはぎにします。衿ぐりは、前後から目
を拾ってガーター編みで編み、編終りは伏止めにします。左肩の持出し
を前を上に重ねて仮どめします。袖は、前後から目を拾って裏メリヤス編
みで減らしながら輪に編みます。続けてガーター編みを編み、編終りは
伏止めにします。左肩にボタンをつけます。

80＝80サイズ　90＝90サイズ
サイズ別の表示がない部分は共通

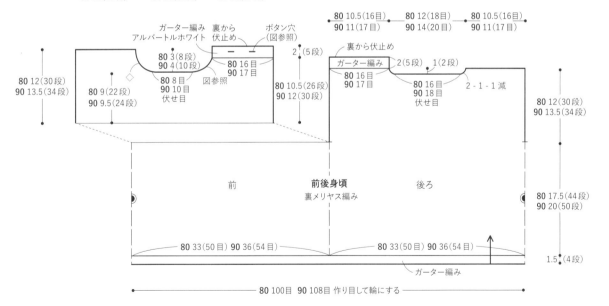

指定以外はビンテージブルー

ガーター編み

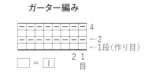

77

80サイズ

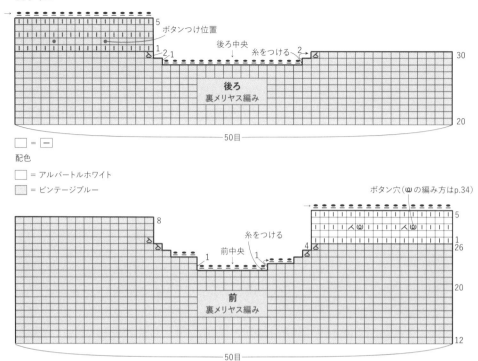

□ = −

配色
□ = アルバートルホワイト
▨ = ビンテージブルー

ボタンつけ位置
後ろ中央
糸をつける
5
1 2 1
2
30
後ろ
裏メリヤス編み
20
─50目─

ボタン穴（ꞷの編み方はp.34）
8
5
糸をつける
1
26
1
1
4
前中央
20
前
裏メリヤス編み
12
─50目─

90サイズ

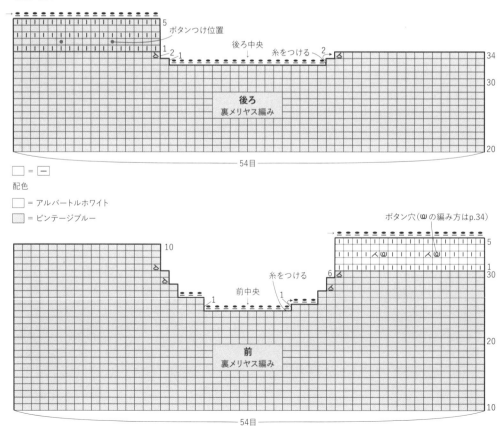

□ = −

配色
□ = アルバートルホワイト
▨ = ビンテージブルー

ボタンつけ位置
後ろ中央
糸をつける
5
1 2 1
2
34
後ろ
裏メリヤス編み
30
20
─54目─

ボタン穴（ꞷの編み方はp.34）
10
5
糸をつける
1
30
1
1
6
前中央
20
前
裏メリヤス編み
10
─54目─

衿ぐり
ガーター編み
アルバートルホワイト

後ろから
80 16目
90 18目拾う

持出しから
4目拾う

2(5段)
裏から伏止め

ボタン穴(図参照)

引抜きはぎ

前から
80 20目
90 22目拾う

持出しから
4目拾う

衿ぐりの編み方

5

→2
→1段
(拾い目)

3目

ボタンつけ位置

ボタン穴
(ωの編み方はp.34)

□ = | I |

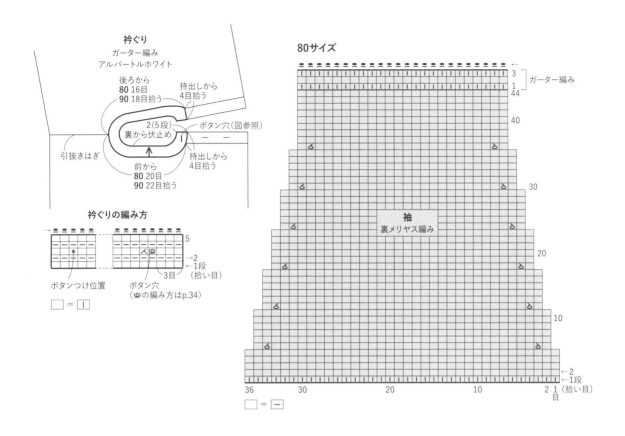

80サイズ

3
1
44

ガーター編み

40

袖
裏メリヤス編み

30

20

10

←2
←1段(拾い目)

36   30   20   10   2 1
目

□ = | − |

80 16(24目)
90 18(27目)

ガーター編み   伏止め

1.5(3段)

袖 裏メリヤス編み

80 8段平ら
6-1-6 減

90 8段平ら
8-1-3
6-1-3 減

80 17.5(44段)
90 20(50段)

80 24(36目)
90 26(39目)

前後から輪に拾う

5段重ねる

後ろ   前

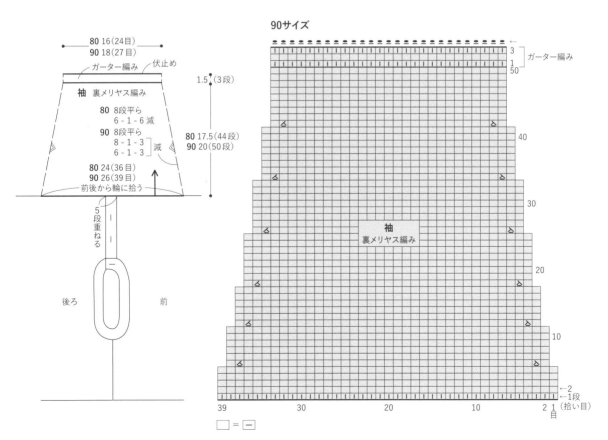

90サイズ

3
1
50

ガーター編み

40

30

袖
裏メリヤス編み

20

10

←2
←1段(拾い目)

39   30   20   10   2 1
目

□ = | − |

ボーダーパンツ

Pantalon rayé

size：80/90サイズ　photo：p.20

【糸】DMC BOUCLETTE ブークレット
ビンテージブルー（07）　80サイズ：75g、90サイズ：95g
アルバートルホワイト（01）　80サイズ：30g、90サイズ：35g
ブルーの中太糸少々（すくいとじ、巻きかがり用）

【用具】7号2本棒針

【その他】幅1.5cmのゴムテープ
80サイズ：48cm、90サイズ：52cm

【ゲージ】メリヤス編み（縞）15目25段が10cm四方

【サイズ】80サイズ：ウエスト48cm、ヒップ53cm、
パンツ丈47.5cm
90サイズ：ウエスト50cm、ヒップ59cm、パンツ丈53.5cm

【編み方】糸は1本どりで、指定の配色で編みます。
指に糸をかける方法で作り目をして、ガーター編みを4段編みます。続けて股下をメリヤス編み（縞）で増しながら編みます。股上は減らしながら編みます。編終りは伏止めで減らしながら編みます。ベルトは、パンツの最終段から拾ってメリヤス編みで編み、編終りは伏止めにします。左右対称に2枚編み、股下、股上をすくいとじします。ゴムテープを縫い合わせて輪にし、ベルトの始末をします。

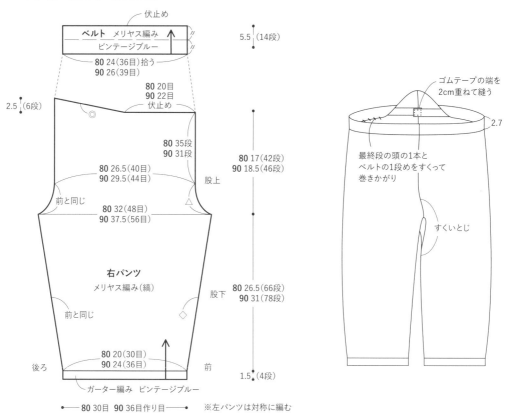

80＝80サイズ　**90**＝90サイズ
サイズ別の表示がない部分は共通

伏止め

| ベルト　メリヤス編み |
| ビンテージブルー |

5.5 (14段)

80 24（36目）拾う
90 26（39目）

80 20目
90 22目
伏止め

2.5 (6段)

◎

80 35段
90 31段

80 26.5（40目）
90 29.5（44目）

前と同じ

80 32（48目）
90 37.5（56目）

股上

△

80 17（42段）
90 18.5（46段）

右パンツ

メリヤス編み（縞）

前と同じ

◇

股下

80 26.5（66段）
90 31（78段）

80 20目（30目）
90 24（36目）

後ろ　　　　前

ガーター編み　ビンテージブルー

1.5 (4段)

●—— **80** 30目　**90** 36目作り目 ——●　※左パンツは対称に編む

ゴムテープの端を
2cm重ねて縫う

2.7

最終段の頭の1本とベルトの1段めをすくって巻きかがり

すくいとじ

◇＝ **80** 5段平ら			**90** 5段平ら		
	6-1-6			6-1-4	
	8-1-2	増		8-1-5	増
	9-1-1			9-1-1	
	段 目 回				
	ご と				

△＝ **80**	4-1-1		**90**	6-1-1	
	2-1-1	減		4-1-1	
	1-2-1			2-1-2	減
				1-2-1	

◎＝ **80**	2-6-1		**90**	2-7-2	
	2-7-2	減		2-8-1	減

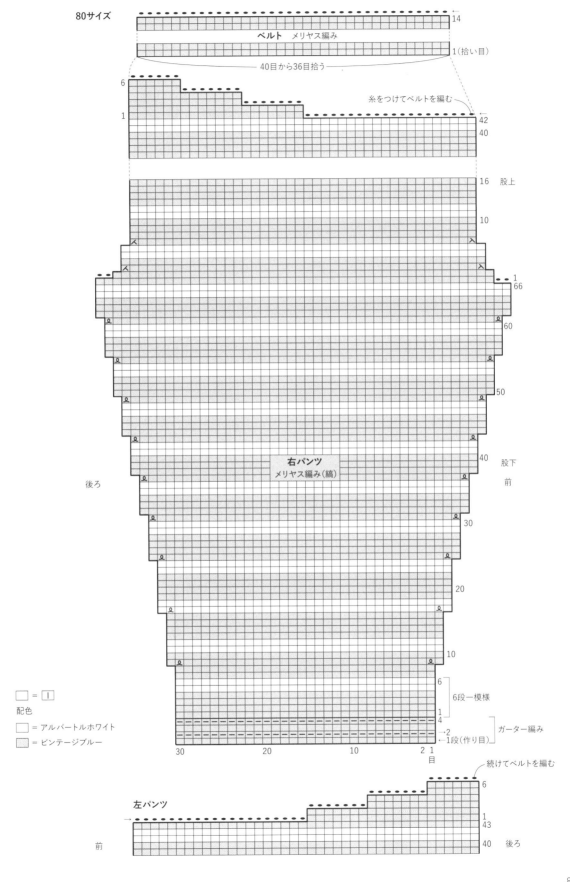

80サイズ

ベルト　メリヤス編み

14

1（拾い目）

40目から36目拾う

6
1

糸をつけてベルトを編む

42
40

16　股上
10

1
66

60

50

右パンツ
メリヤス編み（縞）

40　股下

後ろ　　　　　　　　　　　　　　　　　前

30

20

10

6
6段一模様
1
4
→2
←1段（作り目）

ガーター編み

30　　　　　20　　　　　10　　　　2 1
目

続けてベルトを編む

6

左パンツ
→

1
43
40

前　　　　　　　　　　　　　　　　　　後ろ

□ = ｜
配色
□ = アルバートルホワイト
▨ = ビンテージブルー

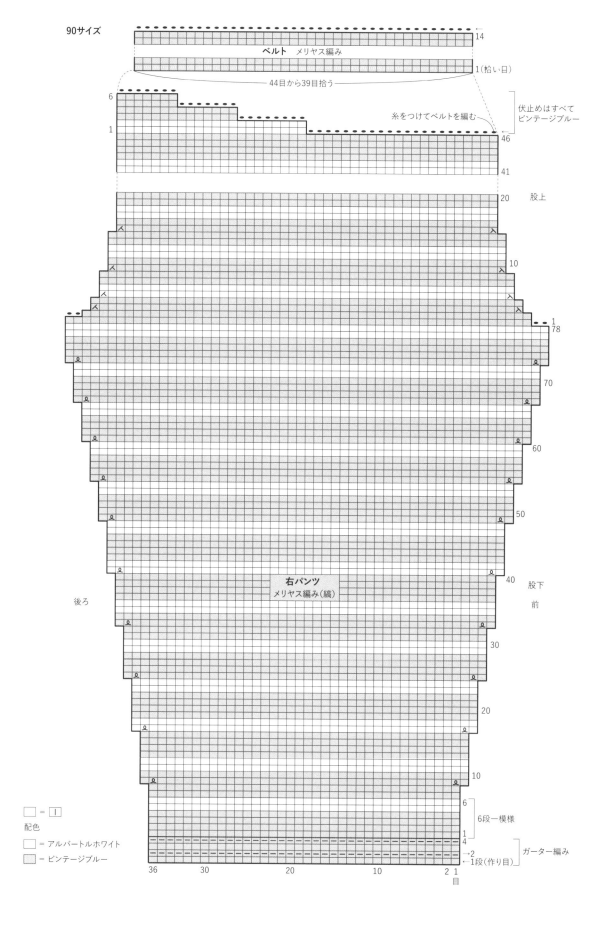

90サイズ

ベルト　メリヤス編み

14

1（拾い目）

44目から39目拾う

6

1

伏止めはすべて
ビンテージブルー

糸をつけてベルトを編む

46

41

20　股上

10

1
78

70

60

50

右パンツ
メリヤス編み（縞）

40　股下

前

30

20

10

6

6段一模様

4

→2
←1段（作り目）

ガーター編み

後ろ

□ = ｜
配色
□ = アルバートルホワイト
□ = ビンテージブルー

36　　30　　20　　10　　2　1
目

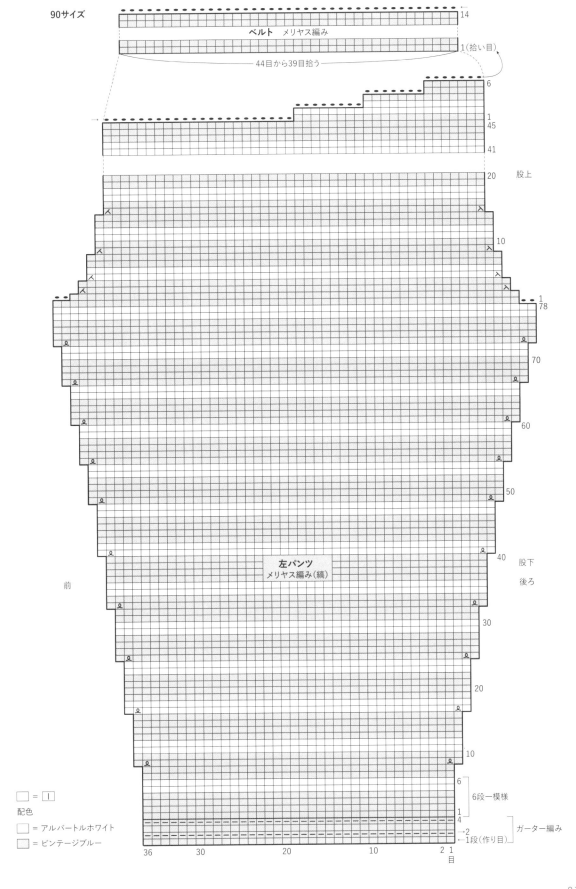

90サイズ

ベルト　メリヤス編み

1(拾い目)

44目から39目拾う

14

6

1
45

41

20　股上

10

1
78

70

60

50

40　股下

後ろ

左パンツ
メリヤス編み(縞)

前

30

20

10

6
6段一模様
1
4
→2
←1段(作り目)　ガーター編み

□ = |
配色
□ = アルバートルホワイト
□ = ビンテージブルー

36　　30　　　20　　　10　　2 1
目

ボール

Balle

photo：p.18

【糸】DMC BOUCLETTE ブークレット
小：メレンゲ（104）・デニム（107）　各6g
大：アルバートルホワイト（01）・きんかん（131）　各8g

【用具】7号4本棒針

【その他】化繊わた　小：6g　大：13g
直径2cmの鈴を各1個

【ゲージ】メリヤス編み　16目23段が10cm四方

【サイズ】小：直径8cm　大：直径11cm

【編み方】糸は1本どりで編みます。
糸端を30cmほど残して、指に糸をかける方法で作り目をして輪にします。メリヤス編みで図のように増減しながら編みます。編終りの目に糸を通して休めます。化繊わたと鈴を入れて絞ります。編始めの糸をとじ針に通し、作り目を1目ずつ拾って絞ります。

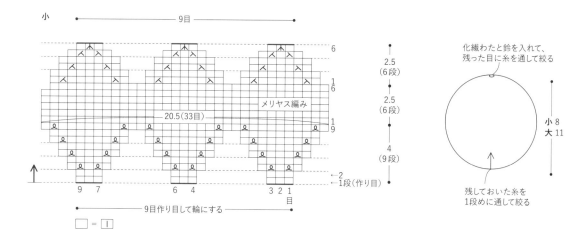

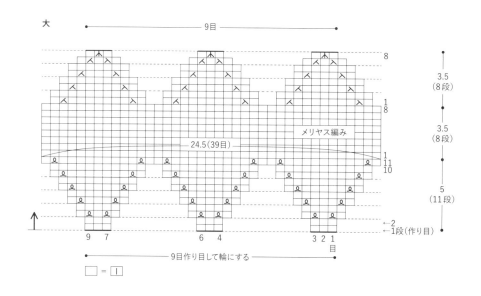

つけ衿

Faux col

size:70〜90サイズ　photo:p.22

【糸】DMC BOUCLETTE ブークレット
メインクーングレイ（120）　25g

【用具】8号60cm輪針、8/0号かぎ針

【ゲージ】模様編み　17目25段が10cm四方

【サイズ】首回り23〜28cm、丈8cm

【編み方】本体の糸は1本どり、ひもは2本どりで編みます。
本体は指に糸をかける方法で111目作り目をして、模様編みを編みます。
図のように減らしながら編み、18段めにひも通し穴をあけます。編終りは
裏から伏止めにします。ひもは、鎖編みを編み、本体の指定の位置に通し
ます。

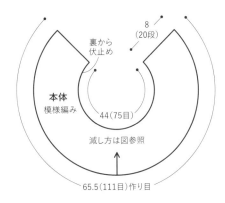

8
(20段)

裏から
伏止め

本体
模様編み

44(75目)

減し方は図参照

65.5(111目)作り目

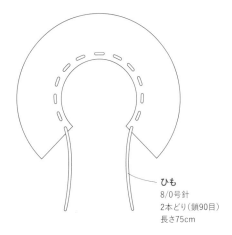

ひも
8/0号針
2本どり(鎖90目)
長さ75cm

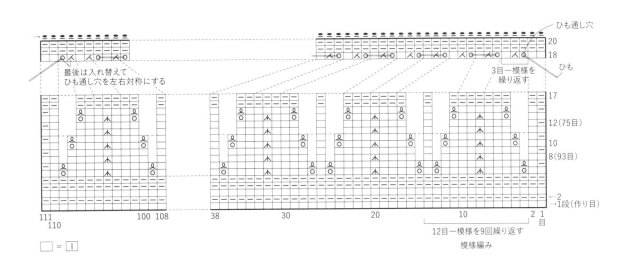

最後は入れ替えて
ひも通し穴を左右対称にする

ひも通し穴

3目一模様を
繰り返す

ひも

20

18

17

12(75目)

10

8(93目)

→2
→1段(作り目)

111
110

100 108

38

30

20

10

2 1
目

12目一模様を9回繰り返す

模様編み

☐ = Ｉ

85

アニマルボンネット

Bonnets Animaux

size：12〜24か月　photo：p.23

【糸】DMC BOUCLETTE ブークレット
羊：ジュート（112）　35g
ベージュの中太糸少々（耳とじつけ用）
猫：メレンゲ（104）　35g
薄いピンクの中太糸少々（耳とじつけ用）

【用具】5号・7号4本棒針、7/0号かぎ針

【ゲージ】メリヤス編み　14.5目22.5段が10cm四方

【サイズ】図参照

【編み方】糸は1本どりで編みます。
本体は、指に糸をかける方法で作り目をし、5号針で1目ゴム編みを編みます。7号針に替え、1段めで60目に減らしてメリヤス編みを18段編みます。続けてメリヤス編みで減らしながら輪に編みます。編終りの目に糸を通して絞ります。耳は、本体と同様に作り目をして輪にし、メリヤス編みで図のように増減しながら編みます。編終りの目に糸を通して絞ります。同じものを2枚編み、指定位置にとじつけます。ひもは、スレッドコードで2本編み、指定位置にとじつけて、ひも先をひと結びします。

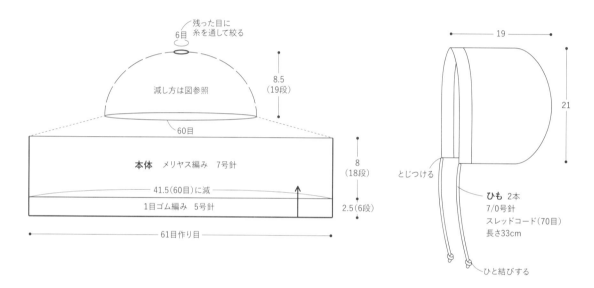

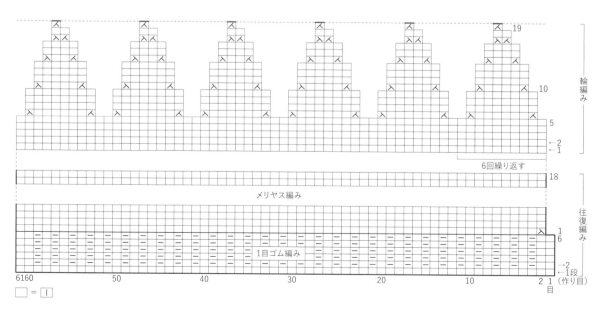

□ = ﹇

羊の耳
メリヤス編み
7号針 2枚

残った目に
糸を通して絞る
4目

減し方は
図参照

9.5
(21段)

14
(20目)
作り目して輪にする

猫の耳
メリヤス編み
7号針 2枚

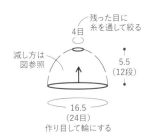

残った目に
糸を通して絞る
4目

減し方は
図参照

5.5
(12段)

16.5
(24目)
作り目して輪にする

羊の耳の編み方

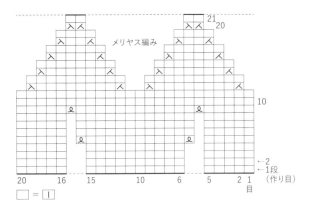

メリヤス編み

21
20

10

←2
←1段
(作り目)

20   16   15   10   6   5   2 1
目

□ = |

猫の耳の編み方

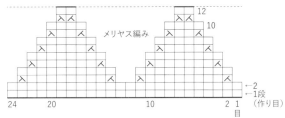

メリヤス編み

12
10

←2
←1段
(作り目)

24   20   10   2 1
目

耳のつけ方　羊

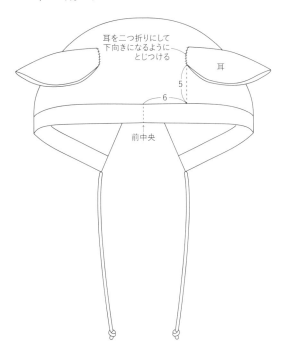

耳を二つ折りにして
下向きになるように
とじつける

耳

5

6

前中央

猫

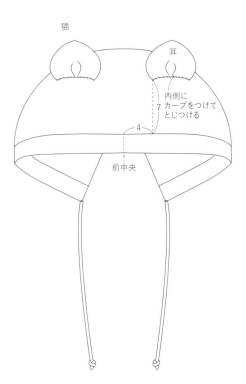

耳

耳

内側に
7 カーブをつけて
とじつける

4

前中央

作品デザイン・製作

風工房

末原君枝

BIRTHs 廣原麻衣子・祐子

Laine 渡邊亜矢

NINEMOUNTAINS 増淵菜穂子

ブックデザイン	菅谷真理子（マルサンカク）
撮影	北村圭介（口絵）
	安田如水（プロセス、p.46〜86/文化出版局）
スタイリング	前田かおり
モデル	アーロン
	エマ
	ジェシー
	ミゲル
	ロミ
DTP	文化フォトタイプ
校閲	向井雅子
編集	小林奈緒子
	三角紗綾子（文化出版局）

この本の作品はすべてDMC BOUCLETTE ブークレットを使用しています。糸については下記へお問い合わせください。

DMC　　　TEL. 03-5296-7831
　　　　　dmc.com

［用具提供］
クロバー　　TEL. 06-6978-2277（お客様係）
　　　　　　clover.co.jp

ふわもこベビーニット
文化出版局編

2021年11月8日　第1刷発行

発行者　　濱田勝宏
発行所　　学校法人文化学園 文化出版局
　　　　　〒151-8524 東京都渋谷区代々木3-22-1
　　　　　TEL. 03-3299-2487（編集）
　　　　　TEL. 03-3299-2540（営業）
印刷・製本所　株式会社文化カラー印刷